シリーズ「遺跡を学ぶ」055

古墳時代のシンボル

仁徳陵古墳

一瀬和夫

新泉社

古墳時代のシンボル
―仁徳陵古墳―

一瀬和夫

【目次】

装幀　新谷雅宣
本文図版　松澤利絵

第1章　史上最大の前方後円墳

1　巨大な墓

驚嘆すべき建造物

大阪府堺市にある百舌鳥《もず》古墳群（図1）は、巨大な古墳が群をなしている。なかでも仁徳陵《にんとくりょう》古墳は、群を抜いて大きいことであまりにも有名である。

「和泉の堺付近にあり、全皇陵墓中、最大のものである。周濠二つと三段丘があり、周囲は二四七五ヤードで、ほとんど一・五マイルに近い。北の円形部の高さは約九四フィートある。この驚嘆すべき建造物は、疑いもなく、天皇の慈悲深い支配を身をもって感じた人民によって築かれたものである」

化学者として一八七二年（明治五）に大阪造幣寮に着任し、九州から東北まで日本の古墳を実地に踏査したイギリス人のゴーランド（Gowland）は仁徳陵古墳のことをこう記している

図１ ● 百舌鳥古墳群
大阪湾に面して大型墳が集まる。そこをまっすぐ東に向かうと古市古墳群がある。さらに信貴生駒山と二上・葛城山の間を越えると大和盆地がある。

図２ ● ゴーランドが撮影した仁徳陵古墳（1872 ～ 1888 年〈明治５～ 21〉）
田畑に囲まれた台地上にある墳丘。左が前方部、右が後円部、中央の造出し付近がくずれているようすがよくわかる。このとき、山林はきれいに管理されていた。

（図2）。

墳丘長は周濠に水が溜まった状態で四八六メートルであり、水を抜けば五一二メートルを見積ることができる。さらに、周濠・堤・外周溝を含めた長軸全長は八五〇メートルにおよぶ。それはJR阪和線の三国ヶ丘駅から百舌鳥駅までの一駅間の距離と同じ長さなのである（図3）。

前方後円という独特な形

この大きさから、仁徳陵古墳はエジプトのクフ王のピラミッド、中国の秦の始皇帝陵、メキシコのテオティワカン太陽の神殿など世界中の巨大なモニュメントとくらべられることが多い。それらのマウンドは単純な方形だが、仁徳陵古墳のばあいは三角と円を組み合わせた鍵穴形の前方後円形。そして、そのまわりに水をたたえた周濠があるという独自のスタイルをもつ。このことが、仁徳陵古墳の存在をよりきわだたせている。また、世界中の巨大なモニュメントが数を限ってつくられるのに対して、仁徳陵古墳は大小の古墳が入りみだれて群をなしている百舌鳥古墳群のなかに位置するという地域性も、もちあわせている。

「前方後円墳」という特異な墳形は一定階層に限られずに、大小さまざまな大きさで日本列島各地に残されるという文化性をもつ。仁徳陵古墳は、そうした群としての日本の古墳時代における一定の前方後円墳という型式と、本来的な被葬者自身の個を象徴するという両面をかねそなえている。さらに、中国の史書『宋書』に記される四二一年の讃《さん》の遣使にはじまり、四三八

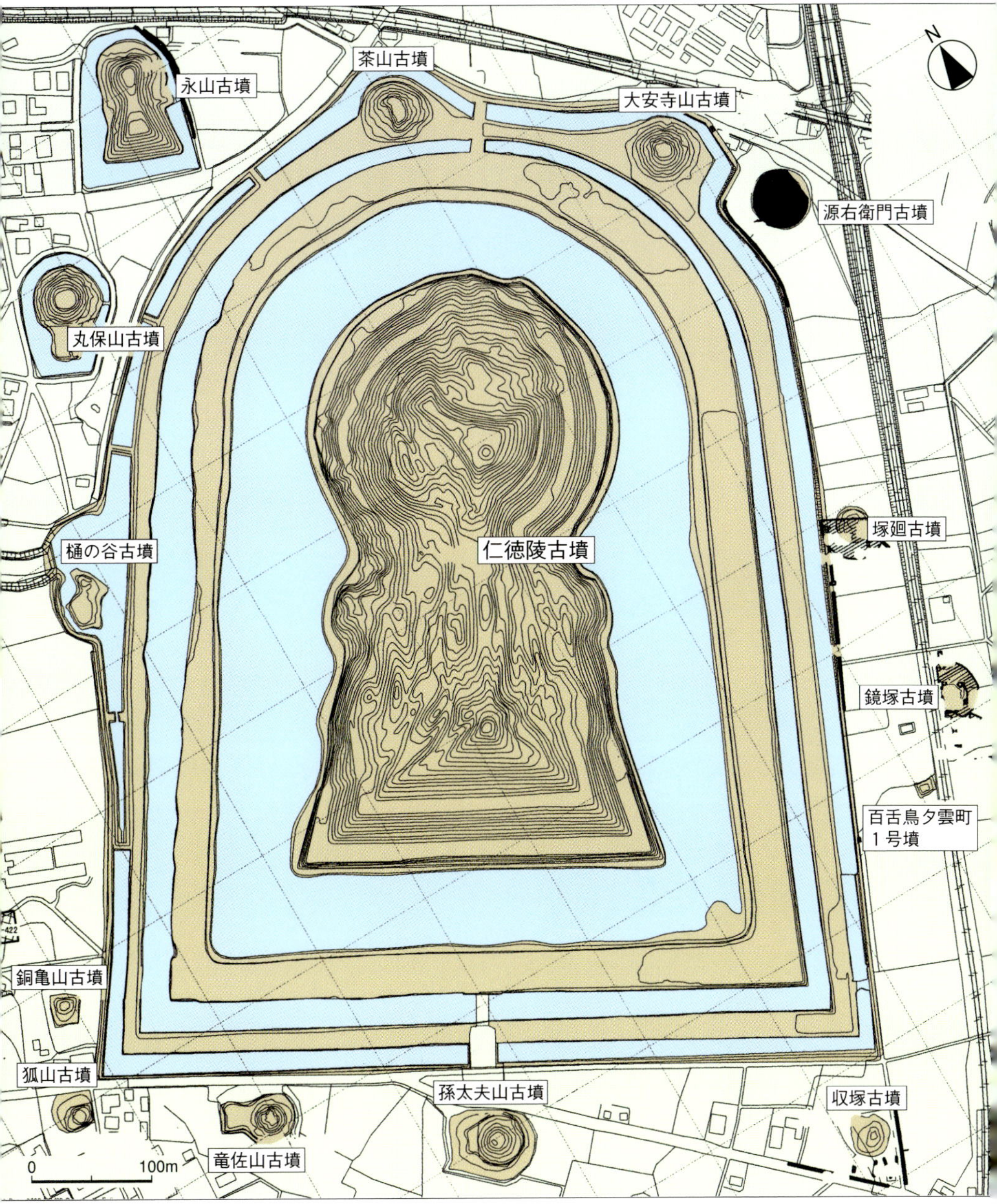

図３ ● 仁徳陵古墳と周囲の古墳
第２次世界大戦直後の 1946 年に、米軍が撮影した航空写真と陵墓測量図を合わせた地形図。黒塗り・斜線の部分は、これまでに調査された地点。

年の珍《ちん》、四四三年の済《せい》、四六二年の興《こう》、四七七年の武《ぶ》といった倭《わ》の五王のなかでも、その記載年代の早い時期と古墳の年代が重なることから、とくに東アジア的な視点からきわだってとらえることもできる。このことも大きな存在感をあたえているわけである。

2 日本最大の墳墓は仁徳天皇陵？

『延喜式』の記載

仁徳陵古墳は、江戸時代には堺奉行所に、現在は宮内庁によって仁徳天皇の陵墓として管理され、中に立ち入ることはできない。陵名は百舌鳥耳原中陵《もずのみみはらのなかのみささぎ》。これは平安時代の『延喜式《えんぎしき》』に「百舌鳥耳原中陵」という名で和泉《いずみ》国大鳥《おおとり》郡にあって「兆域《ちょういき》東西八町。南北八町。陵戸五烟《えん》」と記され、陵域が広く、「中」という位置関係から仁徳天皇陵にあてたものである。ちなみに、北は反正《はんぜい》陵、南は履中《りちゅう》陵となっている。

『延喜式』に記載される陵墓歴名表の原史料の一部は、七世紀前半には、すでにその原形がととのっていたが、その記述の信憑性を高く評価できるのは六世紀中ごろ、継体陵以降であると、白石太一郎は説く。

『古事記』には大雀命《おおさざきのみこと》（仁徳天皇）が八三歳で崩御し、御陵は毛受之耳原《もずのみみはら》にあると記す。『日本書紀』には、仁徳天皇八七年（三九九）正月に死去し、同年一〇月に百舌鳥野陵《もずののみささぎ》に葬られたとある。

しかし、『延喜式』には仁徳・履中・反正の三陵が百舌鳥耳原中陵・南陵・北陵という相対的な位置関係をその名称に組みこんでいるという差があることを白石は指摘する。そして、現在の陵墓比定のよりどころとされる『延喜諸陵式《えんぎしょりょうしき》』の陵墓記載は、『記紀』も用いたであろう『帝記《ていき》』（帝王日継《すめらみことのひつぎ》）の記載をもとに、七世紀末ごろに陵名を整理した際の記録にもとづくものとしている。

このことからすれば、継体天皇陵以前は、とくに個別の人物を個別の墳墓にあてはめることができないことになる。すなわち、仁徳・履中・反正天皇的な伝承をもつ人物が仮に実在していたとしても、その相対的な位置関係は確実なものではなく、銘文などが出土しないかぎりは「百舌鳥」のあたりに葬られたと思うしか手がないのである。

古墳としての呼び名

一九六九年におこなわれたシンポジウムのなかで、森浩一は考古学者が古墳の呼び名を仁徳天皇陵というような名称でつかうと、それがあたかも仁徳天皇の墓であって、考古学者がそれを認めているかのような誤解が生じることをさけたい、仁徳陵古墳、崇神陵古墳のように後ろに「古墳」をつけてはどうかと発言し、周囲に衝撃をあたえた。これに対して末永雅雄は、仁徳陵古墳という呼び方では、陵・古墳ともに墓であるから呼称の重複は避けた方がよいと応えた。

森浩一は先の発言をしたシンポジウムから六年後の一九七六年に、陵墓名はやめて古墳の所在する地名を古墳の名称とすることを新たに提案した。

　いずれも地名の後ろに「古墳」をつける。同名が多いときには大字や小字名を冠する。古文献や古地図で、より表現力の豊かな名称があればおきかえてよいが、あくまでも研究の便宜上の名称であり、ふつうの古墳や遺跡の名称の慣習に従うこととした。そして仁徳陵の名称は、大山《だいせん》古墳としたのである。後、白石太一郎は森浩一の呼称定義に従うと「大仙陵古墳」にすべきとしてこれに修正して用いている。

　こうした見解があったころには、喜田貞吉《きださだきち》が一九一四年（大正三）に古墳の年代を論じた観念に、まだまだとらわれていた。喜田は当時、伝承と内部の状況がわかるものを中心にして、奈良県明日香村天武《てんむ》・持統《じとう》両天皇合葬陵の檜隈大内《ひのくまのおおうち》陵、大阪府太子町の聖徳太子墓、大阪府羽曳野《はびきの》市安閑《あんかん》天皇陵、仁徳天皇の百舌鳥耳原中陵、大阪府羽曳野市応神《おうじん》天皇恵我藻伏崗《えがのもふしのおか》陵、奈良県桜井市箸陵を年代の標準たるべき古墳墓と位置づけた。もちろんそれぞれ今日でも重要な古墳であり、相対的な年代の指標となるもので、時間的な相対順位についてはむしろ確実であるとさえいえる。ただし、絶対的な年代位置については古い古墳ほど決定力をなくしている。

　現在では、伝仁徳陵・伝仁徳陵古墳・大山古墳・大仙古墳・大仙陵古墳とさまざまによばれている。教科書では後三者がつかわれる。地図はもちろん仁徳天皇陵である。

　本書ではこうした表現の混乱をさけるため、仁徳天皇陵とは言えないということをここで了解を得たうえで「仁徳陵古墳」と呼称することにした。

3　伝承と絵図が残る古墳

仁徳陵古墳の雄大な容姿から、そのさまざまな姿については数多くの文書伝承が残される（図4・5）。

和泉国大鳥郡舳松村《へのまつ》にあった仁徳陵古墳は、一六八四年（貞享《じょうきょう》元）の『堺鑑《さかいかがみ》』で「仁徳天皇陵」であるとされ、豊臣秀吉はたびたびそこで猟していたと記される。その後、この地は尊皇思想の高まりにあわせて、そのつど整備や管理が強化された。一六八五年（貞享二）に後円部の盗掘坑が埋めもどされ、元禄《げんろく》の修陵（一六九八年）では後円部墳頂に柵をつけ、享《きょう》保《ほう》修陵時（一七二二年）には一重濠と二重濠の間の堤に番人小屋を設けている。一七五七年（宝暦《ほうれき》七）の高《たか》志芝《しし》巌《がん》・養浩《ようこう》『全堺詳志《ぜんかいしょうし》』の「陵墓部　仁徳帝陵」の項に「御廟ハ北峯ニアリ、石ノ唐櫃アリ」と記される。ここで記される仁徳陵古墳後円部の石室は蓋石の長さ一丈五寸（三一八センチ）、幅五尺五寸（一六七センチ）、厚さ八寸（二四センチ）である。

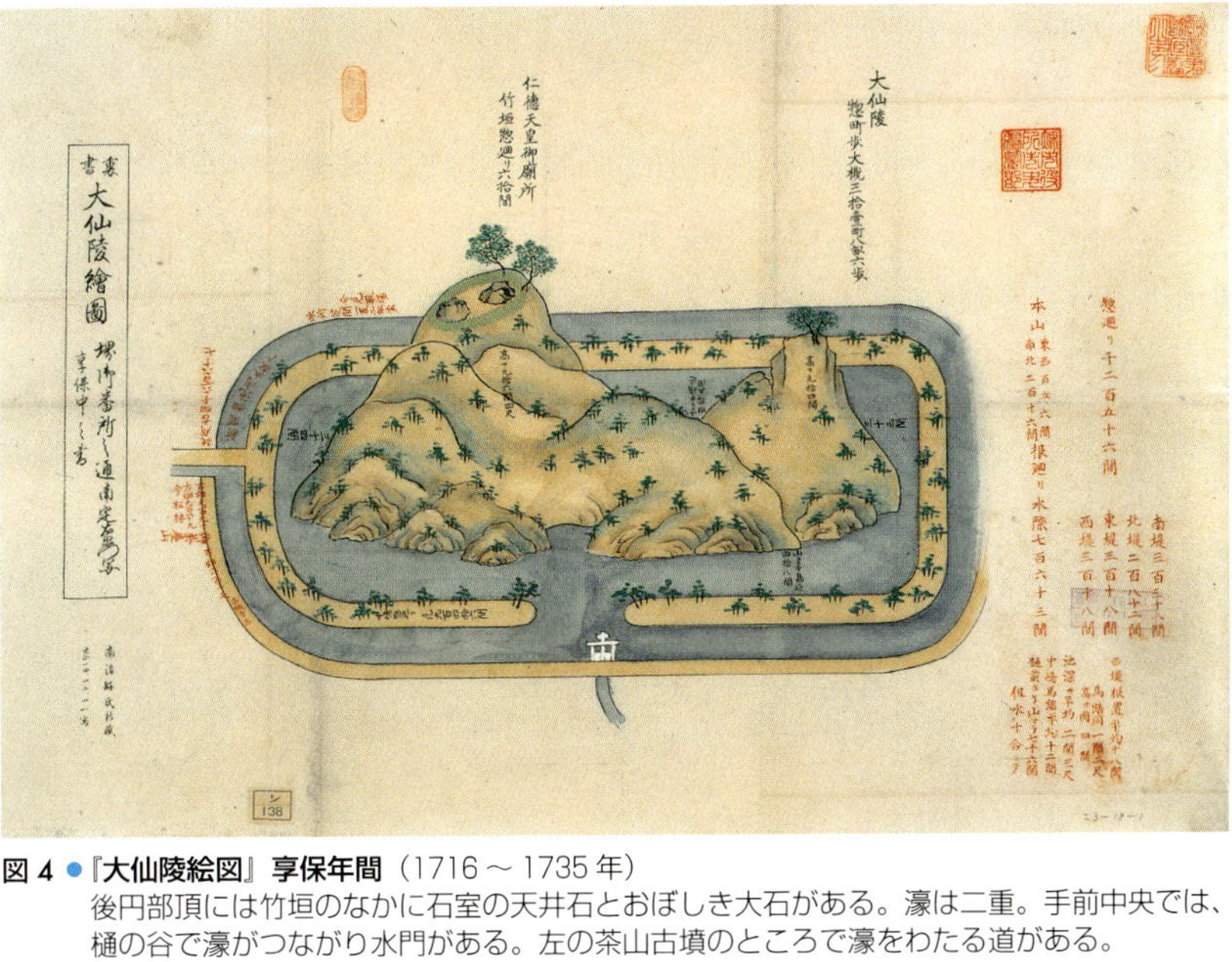

図4●『大仙陵絵図』享保年間（1716～1735年）
後円部頂には竹垣のなかに石室の天井石とおぼしき大石がある。濠は二重。手前中央では、樋の谷で濠がつながり水門がある。左の茶山古墳のところで濠をわたる道がある。

尊王攘夷運動のなかで、一八五二年（嘉永《かえい》五）には後円部に設けられていた勤番所を堤に移すとともに、後円部の竹柵を石柵にかえることになった。幕府の対朝廷対策でもある「文久《ぶんきゅう》の修陵」の際には、一八六四年（元治《げんじ》元）、前方部前面正面に拝所が設けられた。また、このときに墳丘西側で途切れていた内濠と外濠の間の堤を接続させる工事がおこなわれ、それぞれの濠は切り離されることになった。翌、一八六五年（元治二）には朝廷より勅使《ちょくし》が参向することで、現在の管理体制へとつながっていく。こうした強化策があったものの、それでも幕末までは後円部墳頂などを除いて立ち入りができるというゆるやかなものであった。そもそも濠の水利や墳丘の柴の確保は周辺住民にとって生活の重要な糧《かて》であったからである。

　末永雅雄の談には、「仁徳陵の前を通ると暑いものやから泳いで「まずここへ入ろうか」ということで、第一濠わたって、第二濠わたって、第三濠わたって、本陵、あそこを裸足《はだし》で歩いている。ある時、守夫が出てきて、「お前ら、御陵の中に入ったな」とある。明治の終わりのころのことである。

図5●「仁徳天皇山陵新図」『古事類苑』（幕末）
後円部頂には柵、前方部前面正面に拝所がある。後円部頂と前方部頂をつなぐ道も見られる。手前の左は孫太夫山古墳、右は収塚古墳だろう。

第２章　あばかれた内部

１　あらわれた石棺・石室

露わになった埋葬施設

明治年間から昭和初期にかけて、大和・河内の主要な古墳は陵墓としてさらに管理強化されていく。現在も内部への立ち入りが許されないのはこのためである。そうした現実があるものの、その情報はまったく閉ざされているわけではない。

一八七二年（明治五）に、堺県は仁徳陵古墳が鳥の巣窟となって汚れて不潔なので清掃がゆきとどくようにしたいと、教務省に伺いを出した。このころは、墳丘全体の立ち入りや管理が、まだゆるやかであった。そして同年、前方部斜面で埋葬施設が露わになったことで、堺県令税《さい》所篤《しょあつし》らが調査することになる。このときのようすは、堺菅原《すがわら》神社の神官である古川《ふるかわ》躬行《みゆき》がまとめている。

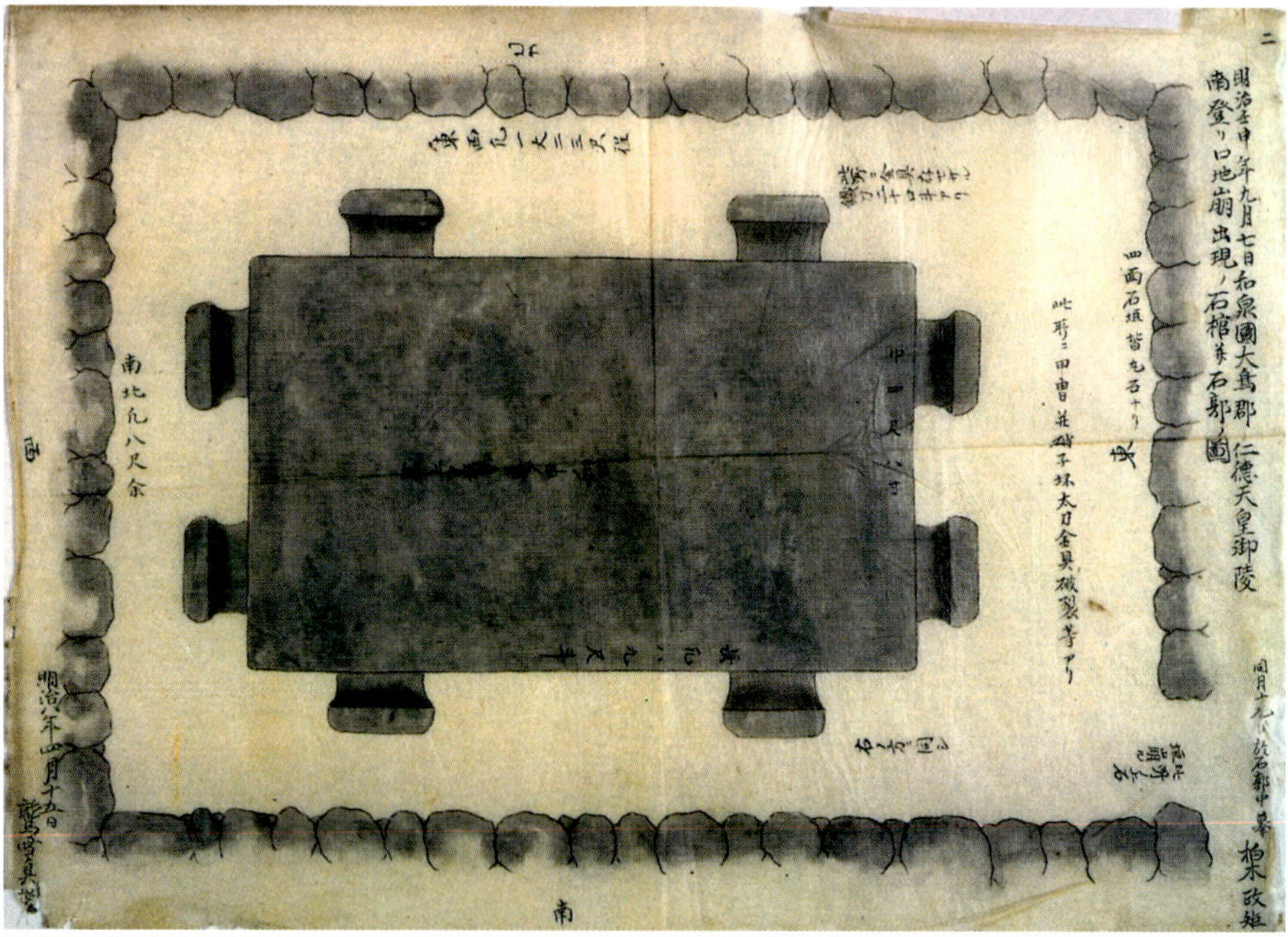

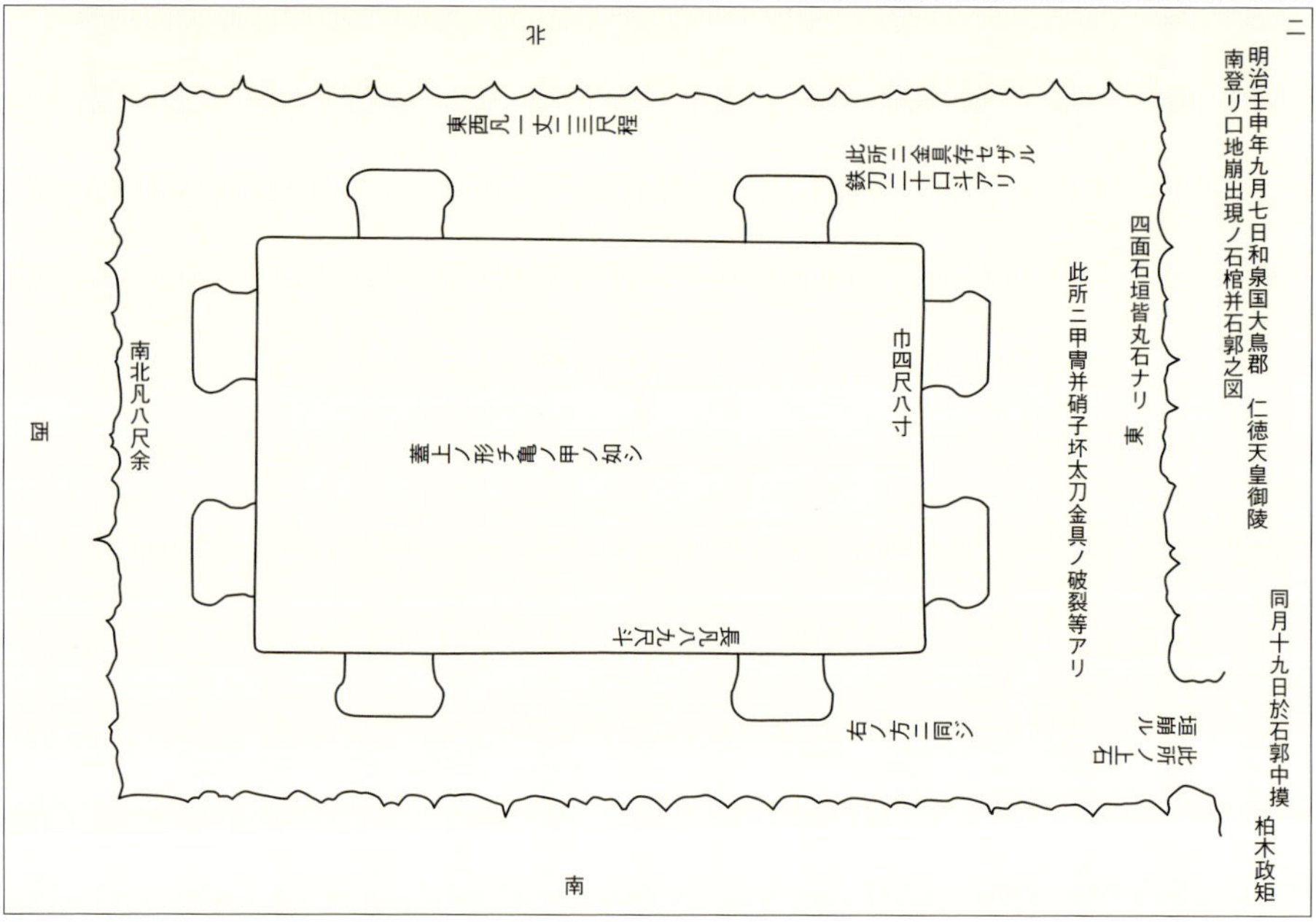
二
北
明治壬申年九月七日和泉国大鳥郡　仁徳天皇御陵
南登リ口地崩出現ノ石棺并石郭之図
東西凡一丈三尺程
此所ニ金具存セザル
鉄刀二十口ホドアリ
四面石垣皆丸石ナリ
東
此所ニ甲冑并硝子坏太刀金具ノ破裂等アリ
巾四尺八寸
蓋上ノ形チ亀ノ甲ノ如シ
長凡八九尺斗
南北凡八尺余
西
右ノ方ニ同ジ
此所ノ石垣崩ル
同月十九日於石郭中摸
柏木政矩
南

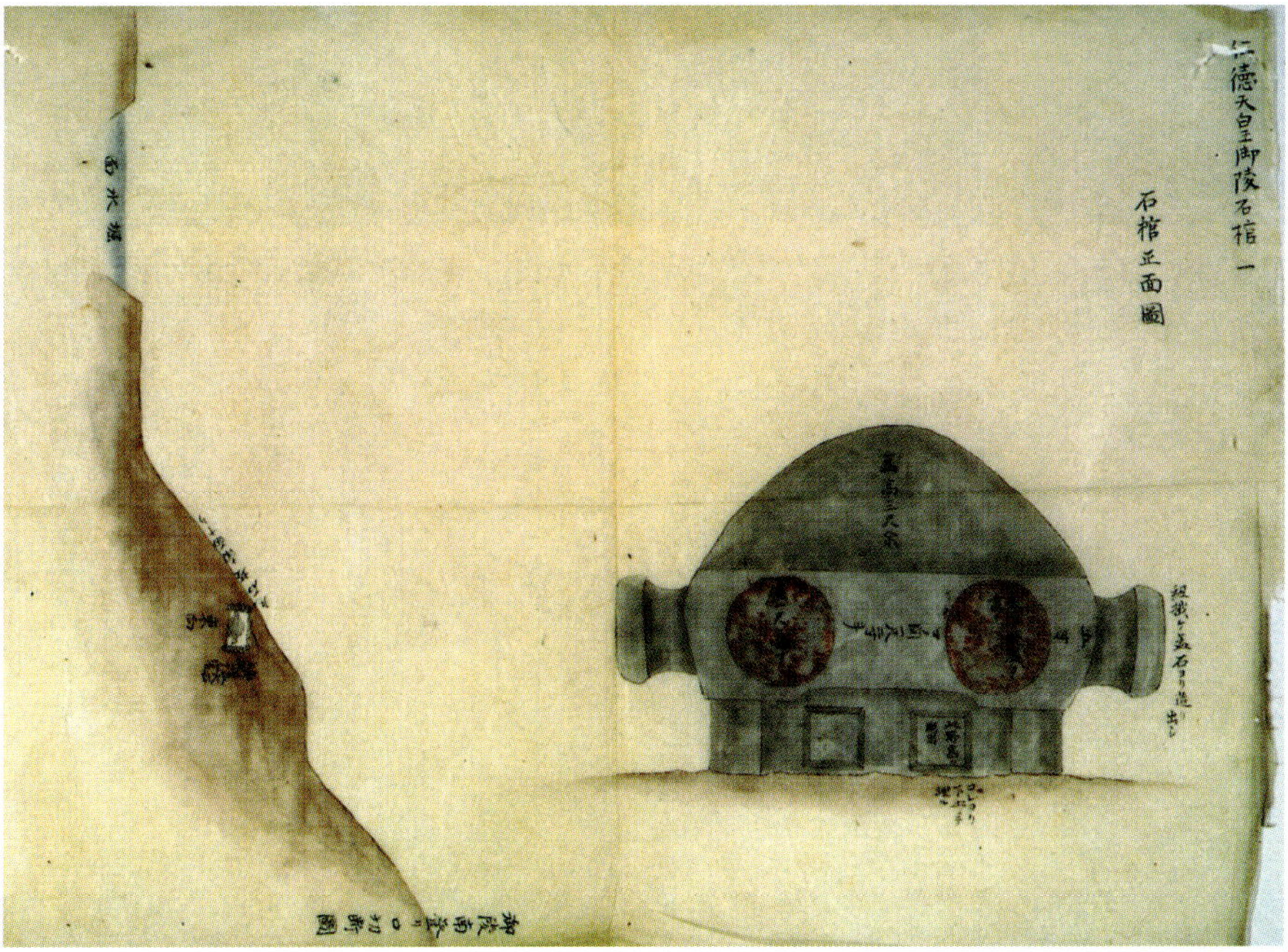

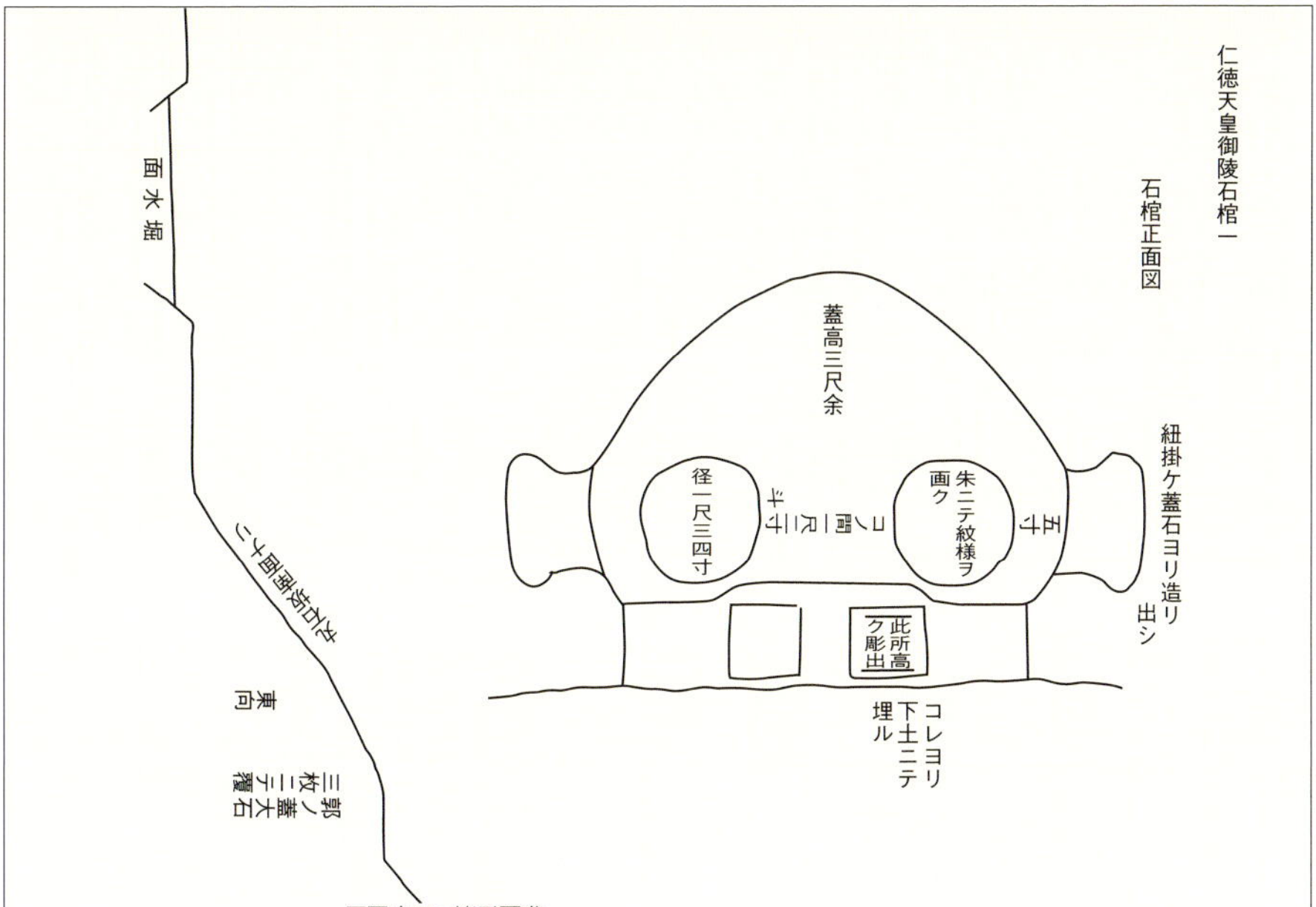

図 6 ●明治五年仁徳天皇陵前方部石棺・石室図（2 枚、27×37 cm）
透き通った料紙にていねいにトレースされた何枚かが出まわったようである。それがこの絵で、さらにそれらの原本を墨であらく模写したものに岡村文庫のものがある。

諸陵寮の柏木政規《かしわぎまさのり》の作図による『壬申十月大仙陵より顕われし石棺の考へ　同図添』（料紙五枚）とその添図『明治壬申（五年）九月七日　和泉国大鳥郡　仁徳天皇御陵　南登リ口地崩出現ノ石棺　并《ならびに》石郭《せっかく》ノ図』、『仁徳天皇御陵石棺一』『仁徳天皇大仙陵石郭中ヨリ出シ甲冑《かっちゅう》之図』の記録が残る。現在、八王子市郷土資料館に石室の図二枚があり（図6）、甲冑の図五枚（図10）は、大阪の筒井家に伝わり、それを写したものが岡村家にある。写しは、かなりあったようである。

石室の内部

絵図によれば、竪穴式石室は長さ三・六～三・九メートル、幅二・四メートル、四壁は川原石が積まれ、その上に三枚の天井石をかぶせている。なかには、長さ二・七メートル、幅一・四五メートルの「亀ノ甲ノ如シ」と表現された蓋をもった長持形石棺《ながもちがたせっかん》が描かれる。石棺には縄《なわ》掛突起《かけとっき》がつき、突起先端に朱が塗られていることが注目される。

　こうした長持形石棺は組合せ式のもので、近畿地方中央部、のちに畿内と称される大和《やまと》・河《かわ》内《ち》・山城《やましろ》・摂津《せっつ》を中心とした範囲に集中する。石材は、兵庫県加古川流域に産する竜山石《たつやまいし》（流紋岩質凝灰岩《りゅうもんがんしつぎょうかいがん》）がほとんどに用いられている。蓋は蒲鉾《かまぼこ》形で長側辺・短側辺に円柱状の突起をもつ。

　墳丘長二〇〇メートル以上の古墳の石棺には、この縄掛突起が両側辺に二つずつそなわっている。仁徳陵古墳の前方部の石棺も、全体のデザインとしてはこの例にもれない。

後円部の石棺を推理する

長持形石棺は奈良県天理市櫛山《くしやま》古墳、大阪府藤井寺市津堂城山《つどうしろやま》古墳例が古い（図7）。古いものほど精巧で、新しくなるとそれぞれの約束事がくずれて粗雑になる。

ふつう、ていねいで凝ったものは、その品物が流行するピークのときにもたらされると考えられがちだが、そうではなく、凝ったものはその初期にあらわれることが多い。凝ったものから省略されて、くずれていくのがつねである。たとえば、長持形石棺の蓋表面にあった格子模様は無紋になり、突起も円柱状で端部稜線を面取りして中央には円形のくぼみがあったものが省かれるようになる。この流れからすれば、図にある仁徳陵古墳前方部の長持形石棺は、省略が進んだもっとも新しい部類に属することになる。

では、『全堺詳志《ぜんかいしょうし》』でいう北峯にある御廟、すなわち後円部の石棺はどのようなものであっただろうか。

仁徳陵古墳がつくられた五世紀前半、畿内の大王墓級の前方後円墳の埋葬施設は、日本列島の頂点にあったはずである。長持形石棺は、五世紀における王者の石棺とも称される。一方、九州では、同じころから横穴式石室があらわれる。しかし、仁徳陵古墳の後円部にある中心主体部は、前方部の状況や同時期の畿内における石室の様相から、竪穴式石室であったとみてさしつかえない。ただし前方部の石室のような川原石ではなく、安山岩の割石のほうがふさわしいように思える。

『全堺詳志』にある寸法から考えると、その石棺は津堂城山古墳と同じような大きさになるが、

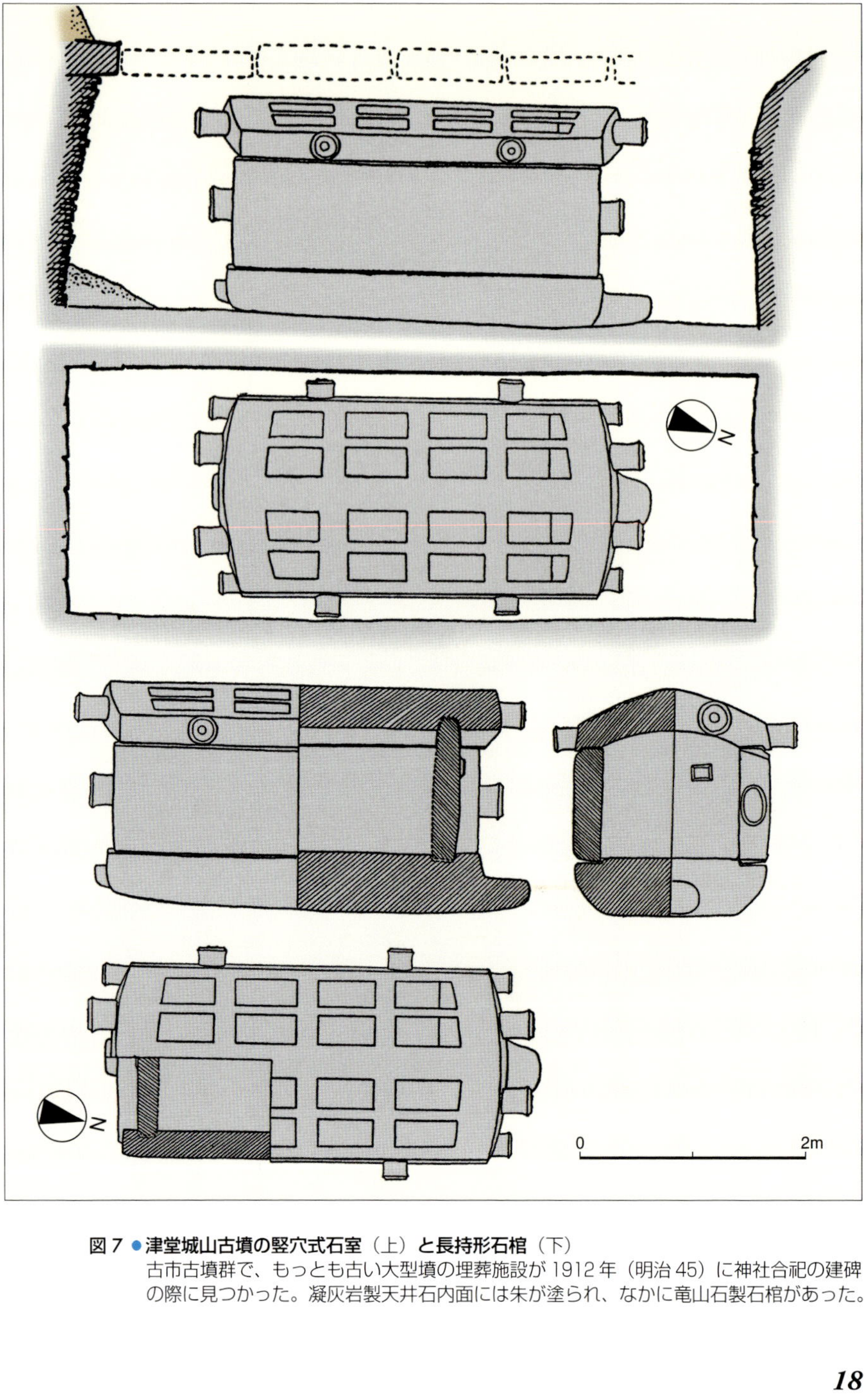

図 7 ● **津堂城山古墳の竪穴式石室（上）と長持形石棺（下）**
古市古墳群で、もっとも古い大型墳の埋葬施設が 1912 年（明治 45）に神社合祀の建碑の際に見つかった。凝灰岩製天井石内面には朱が塗られ、なかに竜山石製石棺があった。

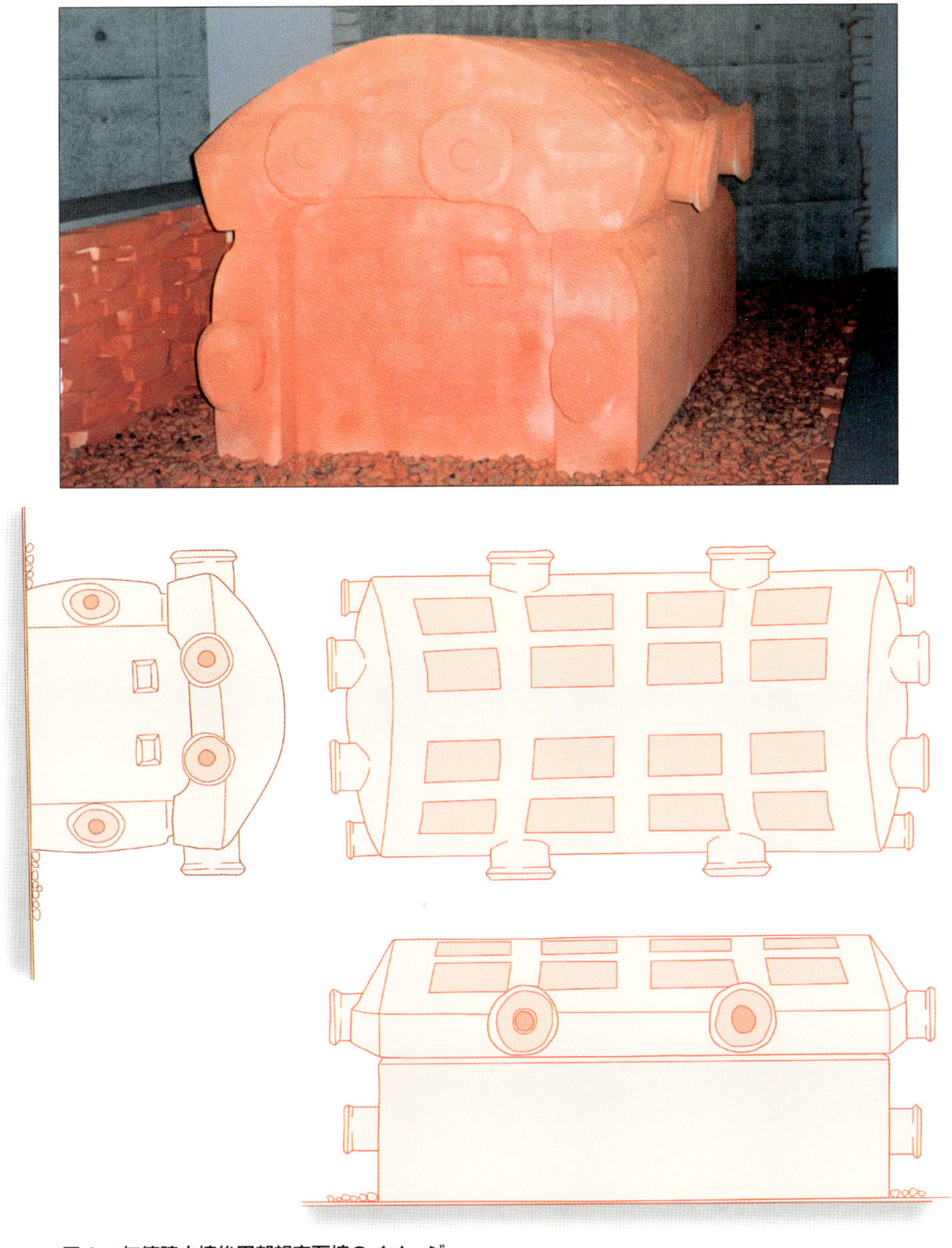

図 8 ●仁徳陵古墳後円部想定石棺のイメージ
亀の甲のごとしとする石棺の蓋は高さのある家の形に近づき、表面の格子模様はあったとしても彩色で表現されていただろう。突起端部の稜線はもう少し丸みをもち、中央の円形のくぼみにも彩色があったかもしれない。

前方部のものや五世紀中ごろのほかの石棺を参考にすると、デザイン的には省略化がかなり進んでいたことになる。それを考慮して記載寸法にあてはめてみたのが図8である。

2　前方部石室の出土品

武具とガラスの器

石室と石棺の間には出土品が多くあった。「此所ニ金具存セザル鉄刀二十口斗アリ」とあるのは、北側東寄りの場所になる。出土位置からすれば、やや先行してつくられた兵庫県篠山《ささやま》市雲部車塚《くもべくるまづか》古墳の後円部頂の竪穴式石室のように壁にフックでもつけてかけられていたか（中山正二『昭和十年車塚考証案』）、隅にたてかけられていたものであろうか（図9）。

一方、「此所ニ甲冑并硝子坏太刀金具ノ破裂等アリ」と東側木口にしめされる。そこから出土したであろう、眉庇《まびさし》に透《すか》し彫《ぼ》りのある金銅装小札鋲留眉庇付冑《こんどうそうこざねびょうどめまびさしつきかぶと》。鉢胴巻板に円形垂飾歩揺《すいしょくほよう》がつくようすが『仁徳天皇大仙陵石郭中ヨリ出シ甲冑之図』に示される（図10）。金銅装の横矧《よこはぎ》板鋲留短甲《いたびょうどめたんこう》は右前胴開閉で、脇に蝶番《ちょうつがい》二個がつく。

そうした出土品のなか、一九一〇年（明治四三）に黒川《くろかわ》真頼《まより》は「其の石棺の前後左右に種々の器物を納めたるが中に、硝子製の器二個あり。一つは瑠璃色にして壺の如きもの、一つは白色にして皿のごときものなり」と記す（『黒川真頼全集』三）。

アメリカへ渡った出土品

こうした記録とは別に、アメリカ合衆国のボストン美術館には仁徳天皇陵出土とされるものがある。一九〇八年（明治四一）に、美術館の目録に登録されている。一つは二〇〇〇グラムとやや重い細線式獣帯鏡《さいせんしきじゅうたいきょう》であり、「青盖作竟……」の銘文がある踏み返しの銅鏡である（図11）。もう一つは、大ぶりの単龍環頭大刀《たんりゅうかんとうたち》の把《つか》部であり（図12）、銀線・金線がつく。そのほかに百舌鳥古墳群出土ではないかとされる青銅製の三環鈴《さんかんれい》（図13）と馬鐸《ばたく》（図14）がある。三環鈴は現在でもカラカラと音が鳴る。

こうしたもののほかに、仁徳陵古墳関係としてその内部の記録が残るのは、その東側に隣接する径三五メートルの円墳である塚廻《つかまわり》古墳である。一九一二年（大正元）に墳丘

図９ ● 雲部車塚古墳『昭和十年車塚考証案』写本
1896 年（明治 29）に発掘。石室床に白石が敷かれ、両木口に甲冑が並ぶ。各壁面には無数にフックがとり付き、そこにそのまま掛かる刀剣や下に落ちた状況が描かれる。

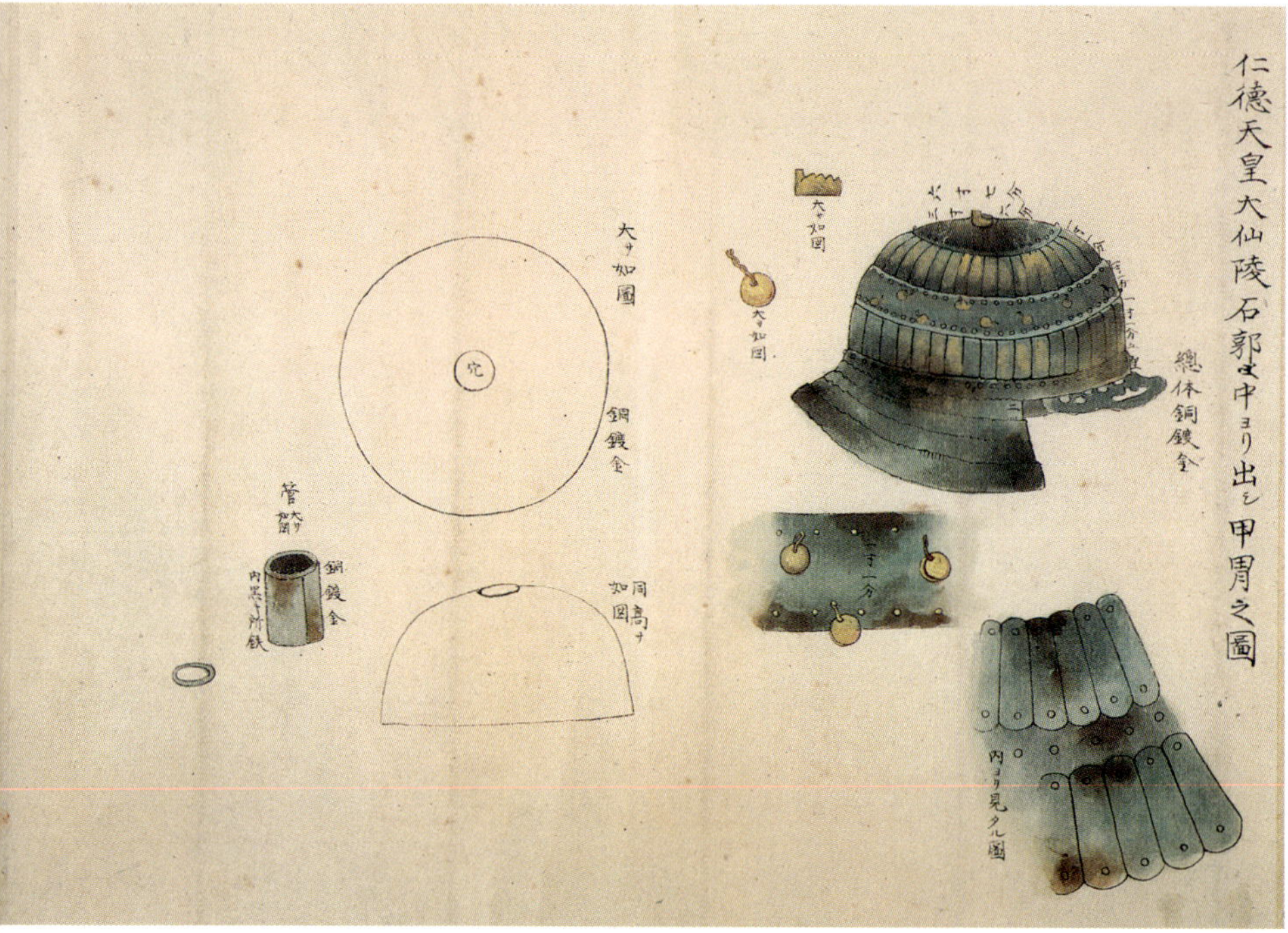
仁徳天皇大仙陵石郭ゟ中ヨリ出ル甲冑之圖
總体銅鍍金
大サ如図
大サ如図
大サ如圖
銅鍍金
管大サ如圖
銅鍍金
内黒ナ所鉄
同高サ如圖
一寸一分
内ヨリ見タル圖

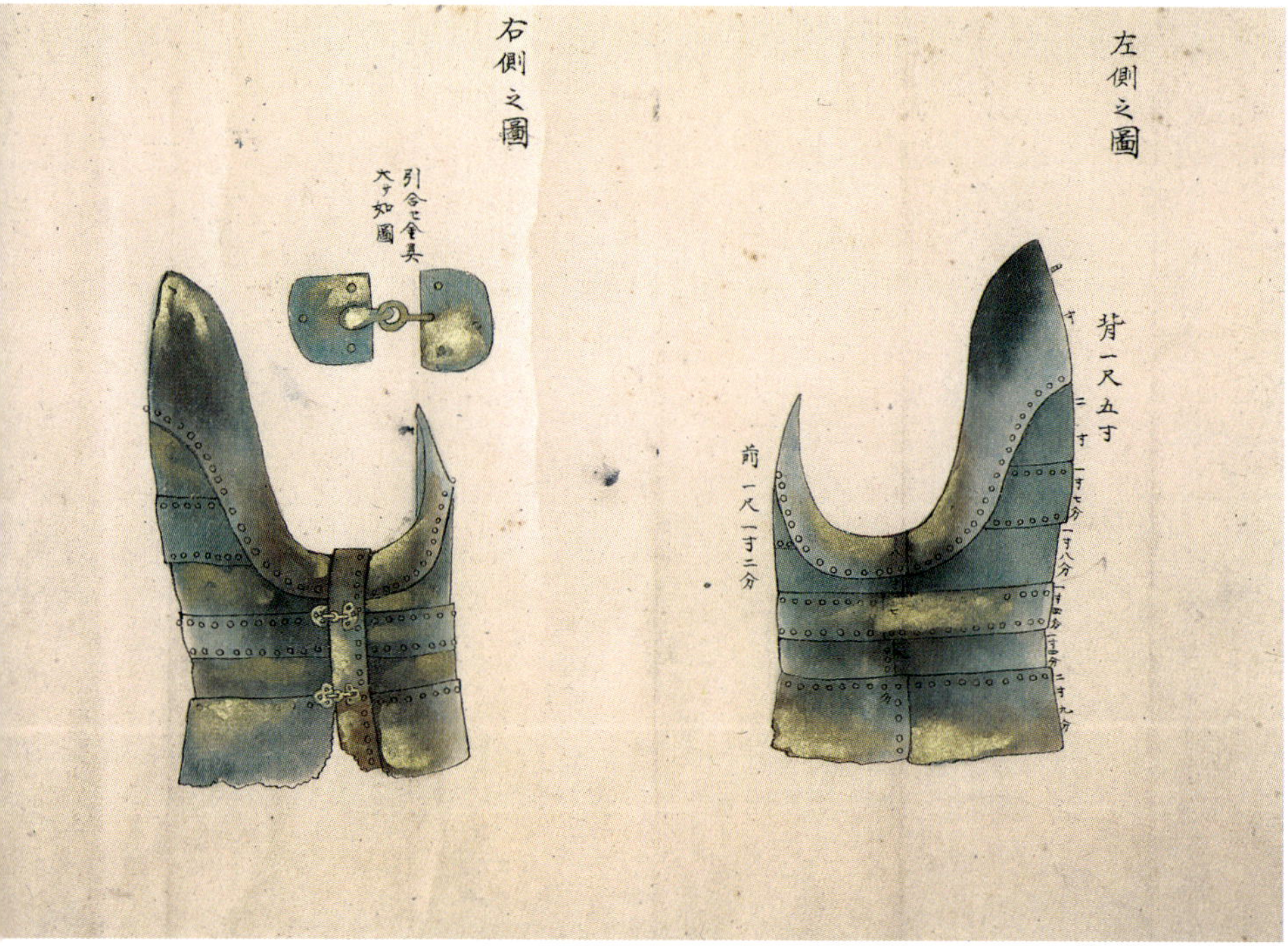
右側之圖
引合セ金具大サ如圖
左側之圖
背一尺五寸
前一尺一寸二分

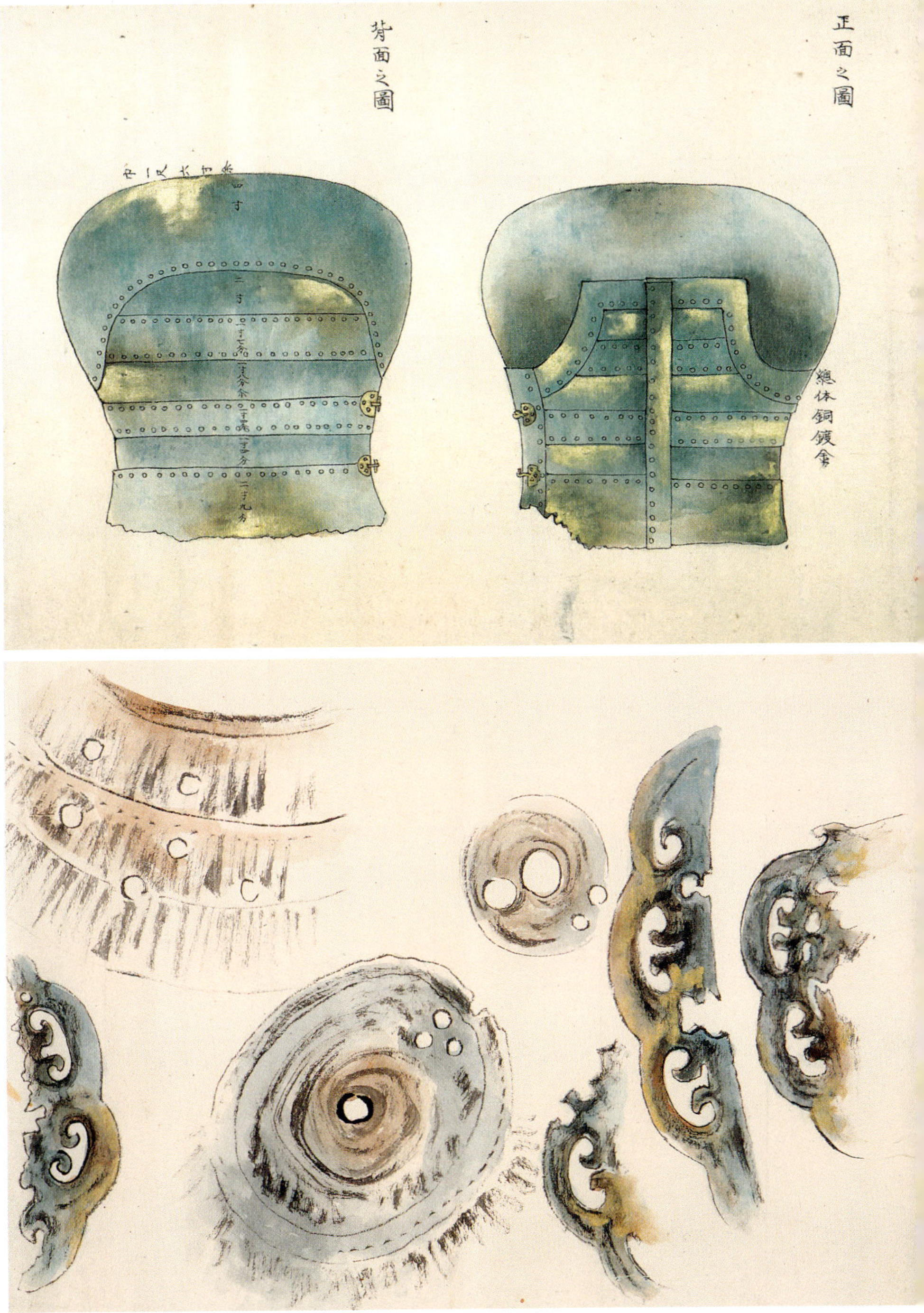

図 10 ● 仁徳天皇大仙陵石室出土甲冑図（巻子、27×245 cm）
巻物になった模写には、鋲留のようす、短甲右脇の上下にある蝶番とそのアップ、「総体銅鍍金」、金製の歩揺、眉庇付冑の部品や透かし模様が描かれる。

図 11 ●ボストン美術館の伝仁徳陵古墳出土の鏡（径 23.5 cm）
Photograph © 2009.3.20　Museum of Fine Arts, Boston.

コラム・伝仁徳陵古墳出土の鏡

ボストン美術館には、仁徳陵古墳出土品として鏡、環頭大刀、三環鈴、馬鐸が所蔵されている。これらの遺物の出土地を仁徳陵古墳とする所伝はきわめて曖昧であり、また三環鈴や馬鐸の形式も仁徳陵古墳の年代とは合わない。しかしながら海外の有名美術館の所蔵品となったこともあって、仁徳陵古墳をとりあげるときに言及されることが多い遺物である。ここではとくに鏡について解説する。

直径23.5 cmと大型の鏡である。細線式獣帯鏡とよばれる鏡式で、7体の獣文を線表現で描く。獣文には玄武、白虎、朱雀、青龍が見られ、そのほかの獣や神仙の姿もみられる。その内側には銘文をもつ。

青盖作竟大毋傷　巧工刻之成文章　左龍右虎辟不羊　朱鳥玄武順陰陽　長保二親楽富昌

図柄は後漢代前半（1世紀中頃）のものであるが、文様の鋳上りがあまく、全体が模糊とした状態となっていることが特徴である。これは「踏み返し」によって鋳型をおこし、いわばコピーによって同大・同文の鏡をつくり出したものと考えられている。同様の特徴をもった鏡は、古墳時代中期後半〜後期の古墳に数多く副葬されており、「同型鏡群」とよばれる。本鏡についても、最近拓本資料に同型品の存在が確認された（下図）。

同型鏡群は熊本県江田船山古墳、奈良県藤ノ木古墳、埼玉県稲荷山古墳など、この時期の代表的な古墳から出土しており、きわめて価値の高い鏡であったことはまちがいない。小林行雄は、中国南朝で製作され、倭の五王の朝貢に対して下賜された鏡と考えた。製作地を決定する直接の材料は得られていないが、北京故宮博物院の蔵鏡、韓国の百済武寧王陵出土鏡にも同型鏡があり、5〜6世紀における東アジアの国際関係のなかで授受がおこなわれた鏡とみることができる。

本鏡が仁徳陵古墳の出土品ではないにしても、同型鏡群と大王陵古墳との関係は重要な問題である。同型鏡群の副葬古墳の年代は5世紀後半〜6世紀にわたるが、もっとも古い例は千葉県祇園大塚山古墳（ＯＮ46型式）までさかのぼるようである。これらの鏡が、仁徳陵古墳の被葬者が活躍した時期にもたらされた可能性は残されている。（森下章司）

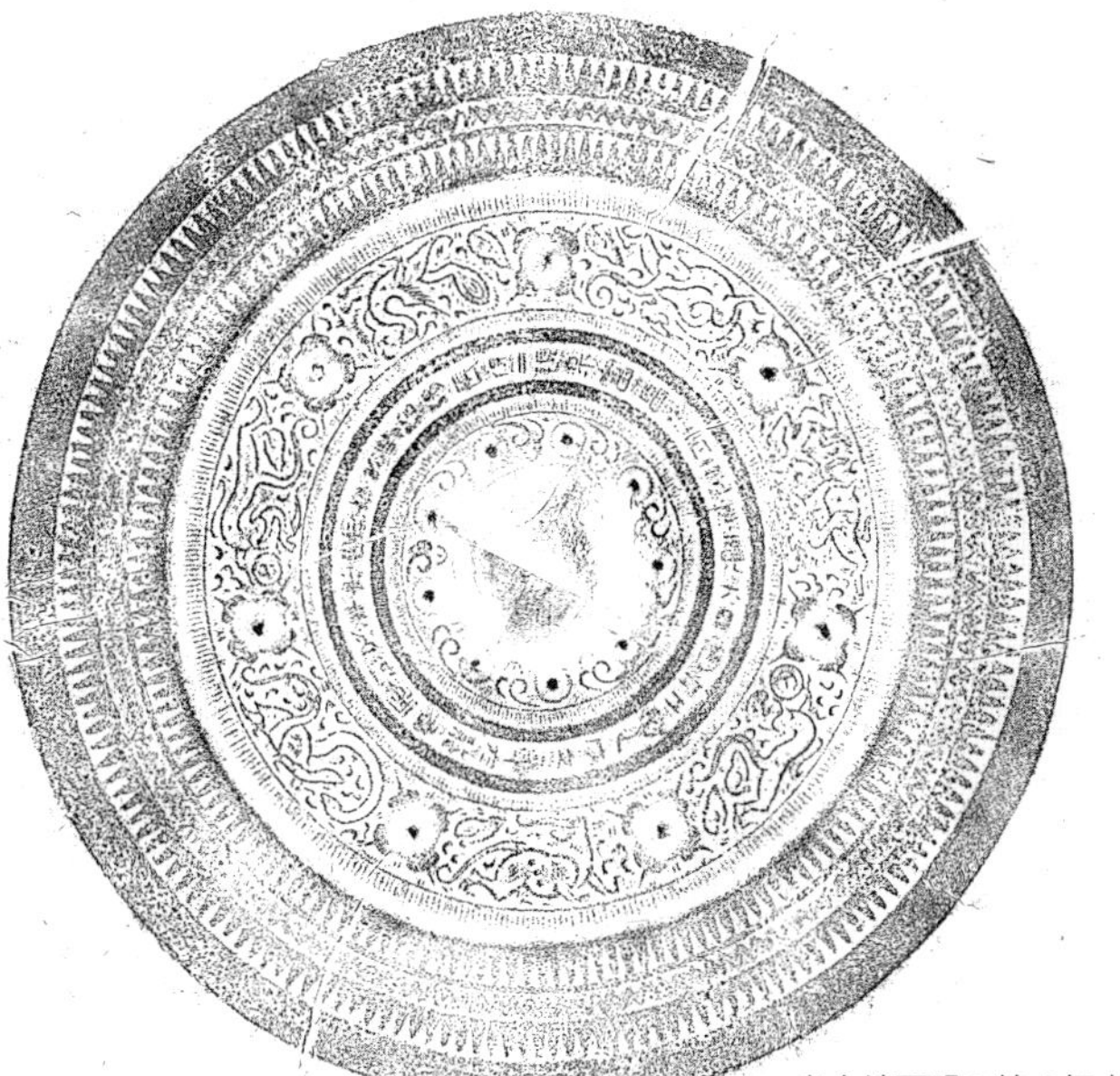

出土地不明の鏡の拓本

図 12 ●ボストン美術館の伝仁徳陵古墳出土の単龍環頭大刀（現在長 23 cm）
Photograph © 2009.3.20　Museum of Fine Arts, Boston.

図 13 ●ボストン美術館の伝仁徳陵古墳・百舌鳥古墳群出土の三環鈴（径 13 cm）

図 14 ●ボストン美術館の伝仁徳陵古墳・百舌鳥古墳群出土の馬鐸
（左：16.3×10 cm　右：18.7×11.1 cm）
図 13・14　Photograph © 2009.3.20　Museum of Fine Arts, Boston.

変形四獣鏡

変形五獣鏡

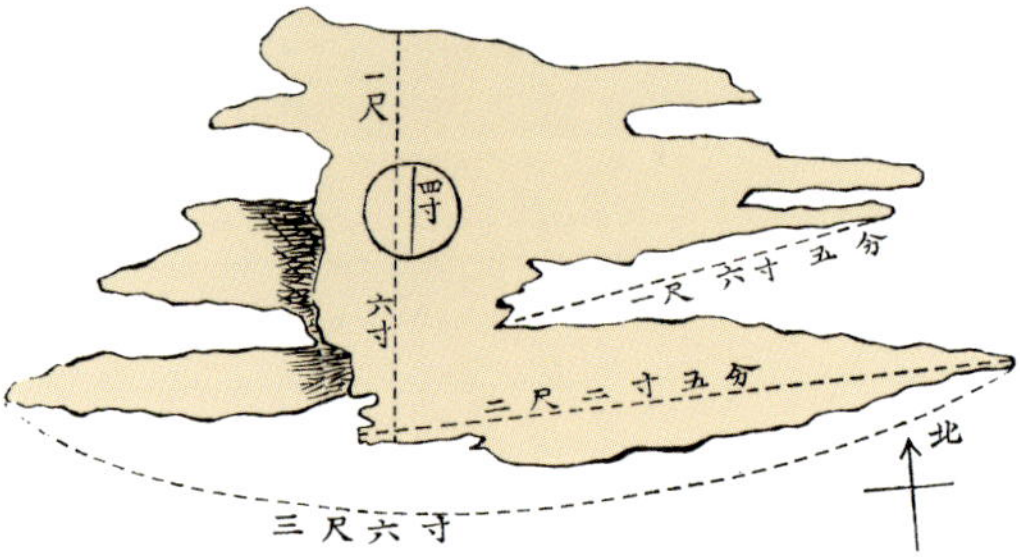

図 15 ● 塚廻古墳出土の鏡（上）**と船状木棺**（下）
長さ 3.2 m、幅 0.55 m、深さ 0.12 m、北東－南西方向の木棺直葬から出土した。木棺片には鏡の痕がくっきりと残る。

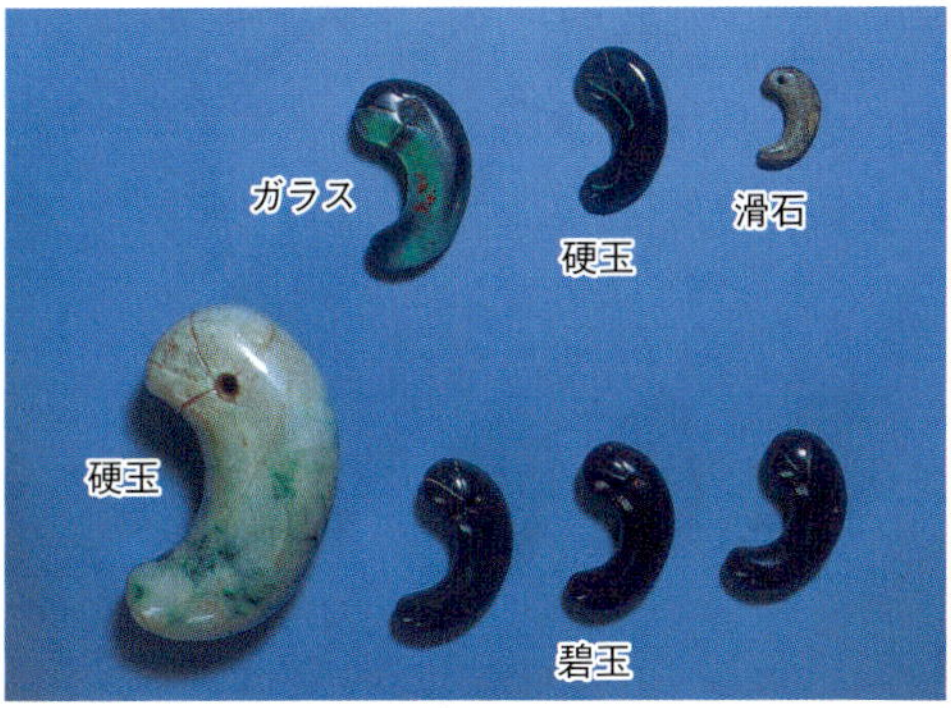

勾玉

緑色片岩棗玉

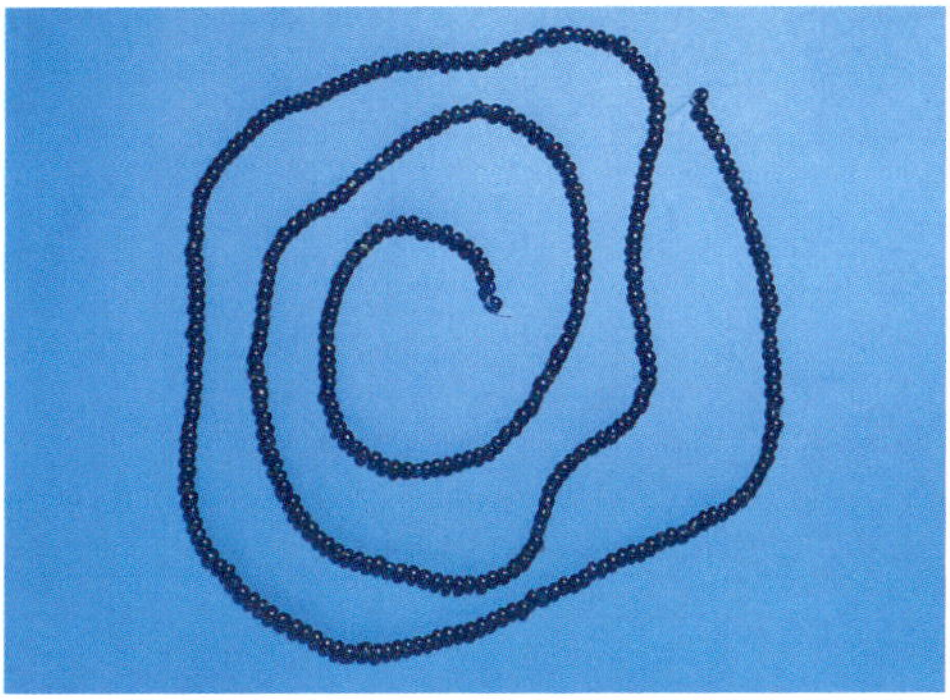
ガラス丸玉

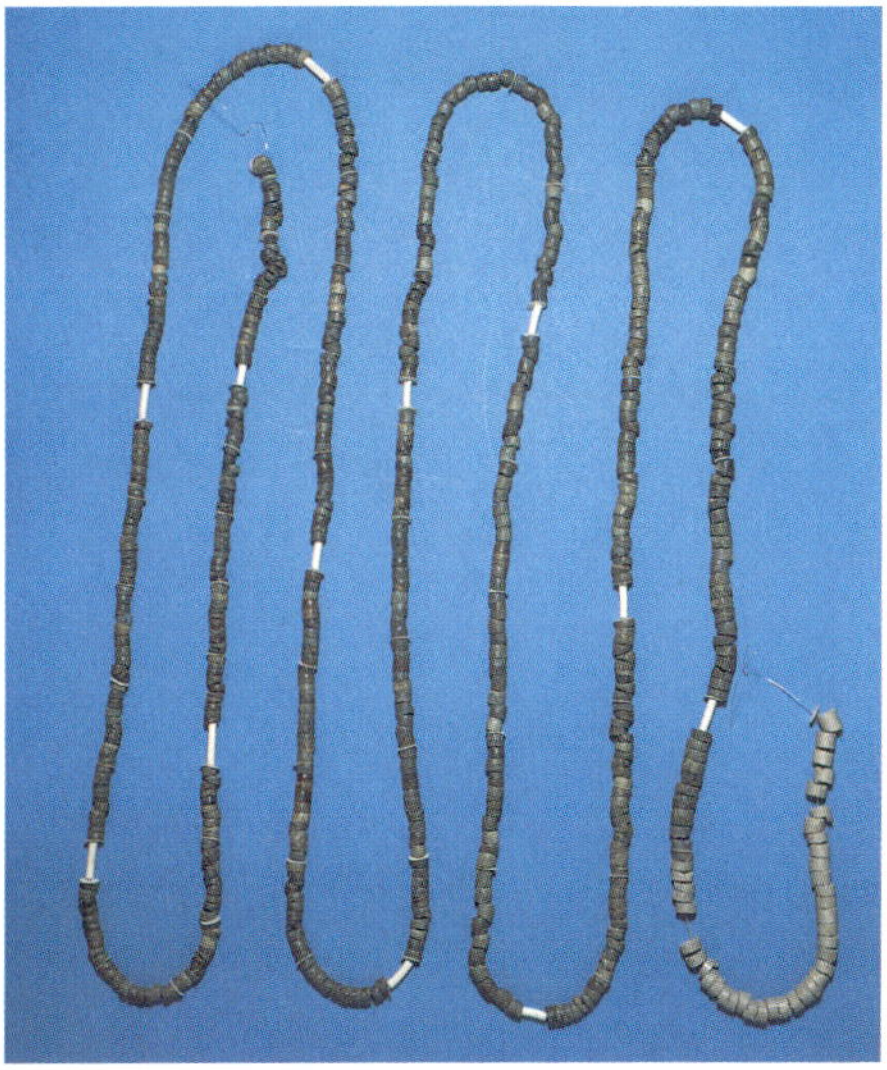
滑石臼玉

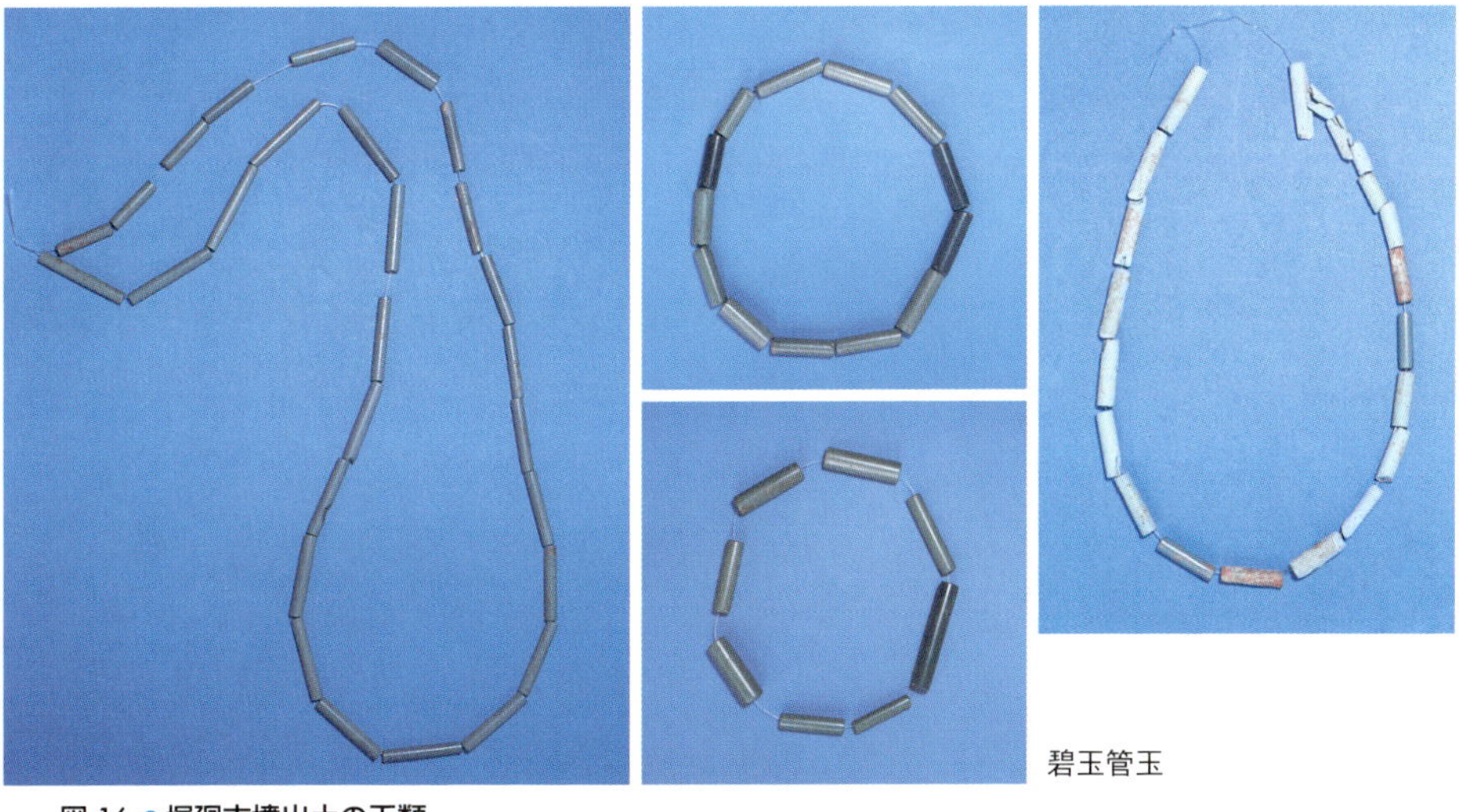
碧玉管玉

図 16 ● 塚廻古墳出土の玉類
勾玉７（硬玉２・碧玉３・ガラス１・滑石１）、管玉 71、棗玉６、ガラス丸玉 501、ガラス小玉 1531、臼玉 684 が北東側で出土する。

裾を径二七メートルにまわる円筒埴輪を検出したほか、船状木棺や変形四獣鏡・変形五獣鏡といった銅鏡（図15）、丁字頭勾玉《ちょうじがしらまがたま》・管玉《くだたま》・棗玉《なつめだま》・丸玉《まるだま》・臼玉《うすだま》などの玉類が出土する（図16）。明治年間ごろは、こうした出土が頻発したときであった。

なお、二〇一一年、ボストン美術館において、宮内庁の徳田誠志が鏡・単龍環頭大刀・馬鐸に関する書類調査の報告をおこなっている。それによれば、この四点は岡倉天心から館長にあてた購入書類の日付は一九〇七年、購入価格は一三五〇円であり、「古代の墓から出土した青銅器（Bronzes from an ancient grave）と記載。仁徳陵とは一言も記されていないとしている（徳田誠志　二〇一一「米国ボストン美術館所蔵　所謂「伝仁徳天皇陵出土品」の調査」『書陵部紀要』第六二号　宮内庁書陵部）。

3　五世紀の武装

倭の五世紀の短甲

「祖禰《そでい》、みずから甲冑をつらぬき、山川を跋渉《ばっしょう》し、寧處《ねいしょ》にいとまあらず。東は毛人《えみし》を征すること、五十五国。西は衆夷《しゅうい》を服すること、六十六国。渡りて海北を平ぐること、九十五国。王道融泰《ゆうたい》にして、土をひらき畿をはるかにす」とあるのは『宋書』にある倭王武の上表文（四七八年）である。

甲冑は、四世紀末頃から古墳に納められることが多くなる。墳丘の増大が象徴するように物資量を誇ることも仁徳陵古墳築造前後でピークを迎える。大阪府堺市黒姫山《くろひめやま》古墳から出土する二四領の甲冑はその典型例である。この甲冑群では衝角付冑《しょうかくつきかぶと》一一、眉庇付冑一三、そして三《さん》角板鋲留短甲《かくいたびょうどめたんこう》一一と横矧板鋲留短甲一三という大きく二つの甲冑スタイルに統一されている。眉庇付冑・横矧板鋲留短甲は、仁徳陵古墳前方部石室出土品を示した『仁徳天皇大仙陵石郭中ヨリ出シ甲冑之図』に示される（図10）。埴輪の比較からすれば、仁徳陵古墳は黒姫山古墳より少し新しくなることから、短甲形式はより統一され、仁徳陵古墳のころには横矧板鋲留短甲のみに限られた可能性がある。

こうした短甲生産は、もともと存在した革や木製のモデル型に合わせようとしたはずである。しかし、その形を実現するためには、必要な鉄板素材、柔軟な三次曲面をもつモデルとその模倣加工技術の進展といった三つの流れが生産のなかで実現されなければならなかった。多種あるモデルの微細は、そのつどの製作技術、入手材料とその手法の限界で形を整えることで統合され、以下の六段階をへて横矧板鋲留短甲に至ったとみることができる（図17）。

短甲製作の変遷

一段階（竪矧板革綴《たてはぎいたかわとじ》短甲）　前後上端に押付板《おしつけいた》をつける段階である。前後とも木型に合わせ垂直線を基準にして、断面にS字形のねじりを加えて曲げ立体化する。鉄素材は細長い鉄板の断面を三日月形にしてフレームの骨格とし、身に添うようにして強度を保った。

二段階（方形板《ほうけいいばん》革綴短甲）　三次曲面に仕上げるため竪矧板を三分割して幅を広げる。その分割線は一段階のS字形縦断面の屈曲点にあたる。鉄素材は幅太いものが含まれるようになる。

三段階（長方形板《ちょうほうけいいばん》革綴短甲）　屈曲点を中心に、上側の胸板、裾の一体化、腰に水平方向に帯を巻く。地板は、三次曲面の平面的な部分を極力一枚の鉄板であてる。そのため、脇の複雑な箇所以外は平面的であり、多面体状になるためにねじれに弱い。

四段階（三角板革綴短甲）　形の複雑化をまとめて、地板一枚ごとに立体的に曲げ、帯金を二段に整理する。この段階で幅太い鉄素材が多くなるが、長い素材は限られるようである。

五段階（三角板鋲留短甲）　鋲留技術をとり入れ、胴の絞り込みが減少する。鋲留めに対応して原型となる木型が統合されてゆく。

六段階（横矧板鋲留短甲）　ついに横矧板鋲留短甲は完成する。立体裁断形による鉄板型とそれにともなった木型と型押技術の統一化がはかられる。鉄素材は立体裁断形に対応するため正方形に近い大きな鉄板となる。

　これら各段階でみられる新要素は、鉄加工素材入手とそれにともなった技術の上限を示している。その主導的な形式は、竪矧板革綴、方形板革綴、長方板革綴、三角板革綴、三角板鋲留、横矧板鋲留の順であり、各短甲の出現が生産の画期となる。それぞれの短甲があらわれたときを生産開始年代とすれば、三角板鋲留と横矧板鋲留は五世紀前葉（須恵器のＴＫ七三〜二一六型式の年代）ということになる。つまり、応神陵古墳築造のころには、短甲形式は一定の完成をみたのである。

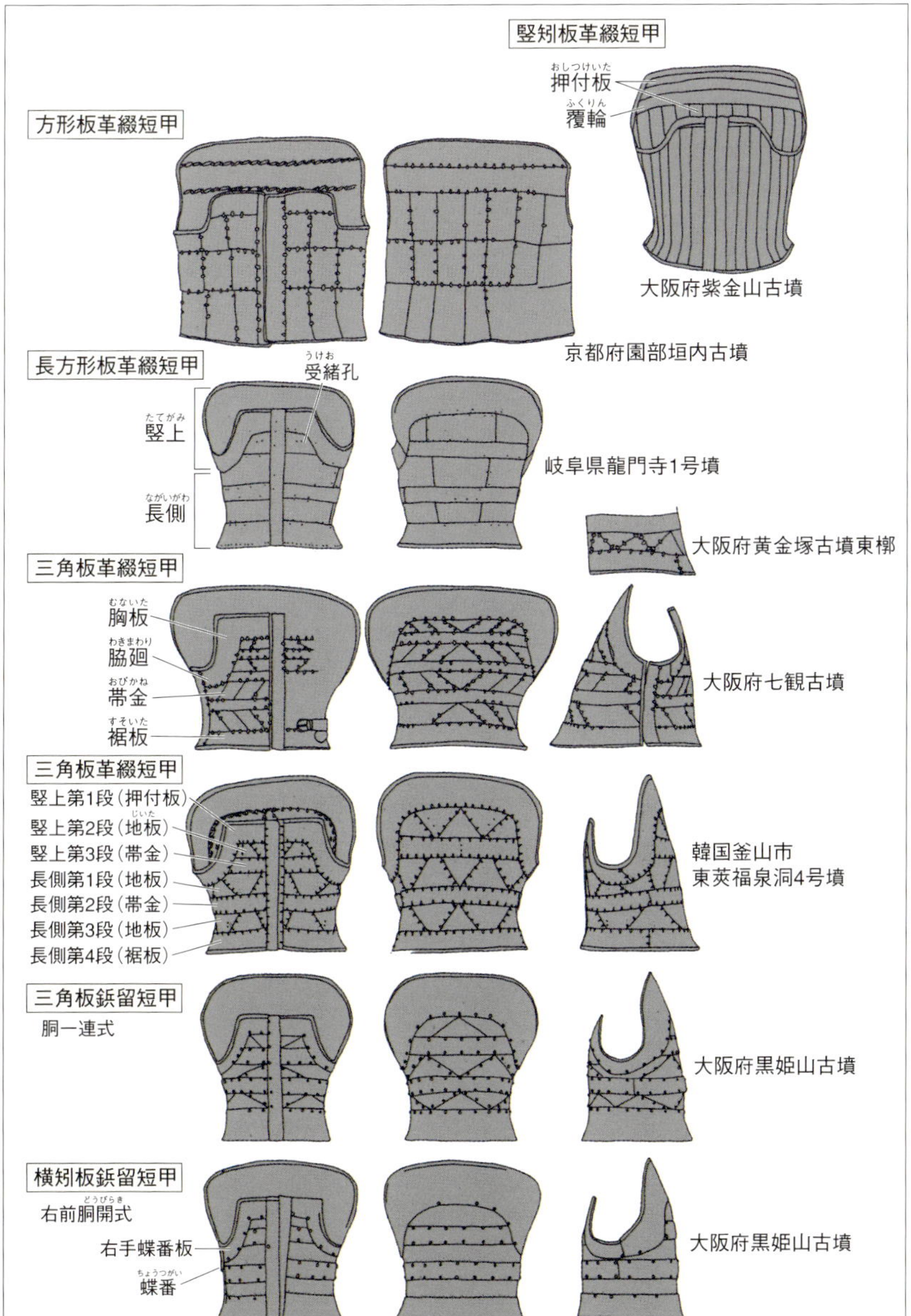

図17 ● ４・５世紀の短甲形式の変遷
三角板革綴短甲から横矧板鋲留短甲は、４世紀末から５世紀前葉までの間、10年単位の短い時間帯でめまぐるしく変化し、しかも大量につくられている。

激変した甲冑技術

長方形板革綴短甲からはじまった帯金式の短甲形式は四世紀後葉、その統一化が進められた。しかし、その道程は単純なものではなく、頸鎧《あかべよろい》・肩鎧《かたよろい》といった付属品の上下への可動性などの発展とも融合していく。これらは日本列島内で工夫してつくられたというよりも、外からの影響がおおいに考えられる。ただし、地板の三角板への移り変わりや、その爆発的な量の増加をみるなら、工人集団は一定の統制の下で組織されていた。

鉄板を合わせるのがむずかしい鋲留技法という技術導入があったにもかかわらず、それ以降も在来工人が短甲の製作に関与したと小林謙一は考える。すなわち、在来技術の系統が連続して共通性をたもっているという生産スタイルからすると、短甲の製作は新しい技術とともにやってきた人びとにとってかわられたのではなく、工人組織そのものは継続していたのだ。

短甲の一連の変化は、畿内政権が鉄素材を専有していたことも一つの要因になる。製鉄の本格的な自立生産というものは、五世紀段階の日本列島では考えにくいことから、製鉄材の確保がまず問題となる。奈良市大和六号墳にみられる大量の鉄素材、鉄鋌《てってい》の出土がある。日本列島で一一四七枚の鉄鋌が出土するが、そのうちの一〇五七枚が畿内に集まっていることから、原材料は畿内に集中していた姿が浮かびあがる。それは鋲留技法と鍍金《ときん》技法をもった工人と在来の革綴工人との合流をうながし、堀田啓一のいう日本列島各地へのレディメイド的な量産型、型紙とプレスで容易に製作できる横矧板鋲留短甲生産を拡散・普及させることになった。これはわずか半世紀の間におこった甲冑技術の激変であった。

　さらに甲冑がどのように調達されたのかをみよう。鉄鍛冶は弥生時代中期以降、北九州を中心にまず西日本に拡がりをみせ、そして五世紀前半には関東に至った。古墳出土の鍛冶道具は奈良県五條《ごじょう》市五条猫塚《ごじょうねこづか》古墳のものを典型例とし、これも畿内に多い。こうした材料と道具によって鉄器生産は、五世紀に甲冑製作技法を多彩に展開した。

　甲冑の形式の統一は、仁徳陵古墳前方部例で一定の完成をみた。ここから同じ形式の黒漆を塗った甲《よろい》をまとった軍勢をイメージすることができる。そして、その軍勢の頂点には、鍍金技法による黄金色の甲冑を身にまとったリーダーの姿を見ることができるだろう。

金色に輝く武具

　五世紀には銀を被《かぶ》せ、文字や模様を金や銀で象嵌《ぞうがん》をした豪華な刀剣があらわれた。それに加え帯金具《おびかなぐ》、馬具にはじまった鍍金は耳環《じかん》などにも目立つようになる。六世紀になると、装飾を必要とする多くの品物へ一気に鍍金を使う量がふえていく。鍍金は多くの場合、水銀に金を溶かした金アマルガムを銅板に塗り、熱を加えて水銀を蒸発させるもので、日本列島文化の装飾を豊かにする品物を製作するために一大画期をもたらした。当初、その技術はごく一部の工人が握り、その品物もかぎられていた。日本列島の鍍金製品としては、金銅製と鉄地金銅張製がある。金銅製のものには、千葉県木更津《きさらづ》市祇園大塚山《ぎおんおおつかやま》古墳の眉庇付冑と挂甲小札《けいこうこざね》がある。鉄地金銅張製のものには、五条猫塚古墳の眉庇付冑があり、主流はこの鉄地金銅張製のものである。鉄地多くは鉄製の眉庇付冑に鍍金しただけのものであった。ここでの鍍金は、既成品に対する着色的な装飾にすぎなかった。仁徳陵古墳前方部例の甲冑も、まさにその典型といえる。

ほかにも鍍金されたものの例はある。渡来人の墓と考えられる奈良県橿原市新沢《にいざわ》一二六号墳の帯金具である（図21）。中国南朝では衣の色によって位階を示していたが、その衣につく帯の装身具として出土している。

しかし、日本列島では多くの場合、鍍金の技術は五条猫塚古墳や七観《しちかん》古墳のように甲冑に、また兵庫県姫路市宮山《みややま》古墳出土品では武器類に使われた。帯金具（図18）はあくまで武装の一部、金色に光る武具の一部分を構成する権威の象徴として拡がっていった。

伝中国出土

七観古墳出土

穀塚古墳出土

図 18 ●**龍文帯金具**
中国のものから七観古墳のものにかけて、龍文がくずれてゆく変化がわかる。

乗馬の風習

さらにこの時期、乗馬に適した挂甲と合流することで、武具では滋賀県栗東《りっとう》市新開《しんがい》一号墳のように眉庇付冑をはじめとした鉄製のさまざまな付属具がつくられた。乗馬の風習はおそらく四世紀末に中国大陸、朝鮮半島を経由して伝わったものだが、新開一号墳には初期馬具の良好なセットが残る。

馬具には実用的なものときらびやかに飾るものがある（図19）。初期のまとまったセットは漢の系統に属した轡《くつわ》・鞍《くら》・鐙《あぶみ》・面繋《おもがい》・馬鐸・三環鈴の組合せからなる。そして、大陸からの輸入品であった輪鐙《わあぶみ》など、当時の日本列島の技術で製作可能なものから、順次、生産がはじまった。甲冑製作技術の鉄板加工法による鐙、中国三国の馬鈴に由来する鏡工人の手による馬鐸がそれである。

部品としてではなく、きらびやかなセットが入ってきた例もある。大阪府羽曳野《はびきの》市誉田丸山《こんだまるやま》古墳の鞍金具の龍文飾りなどを中心とするものである。小野山節《おのやまたかし》は、これらのきらびやかなセットは中国漢代の馬具の後をうけて、鐙が発達し、木製輪鐙、木心鉄板張輪鐙が成立した中国大陸およびその近辺の作とする。新開一号墳の鏡板もまた高句麗、

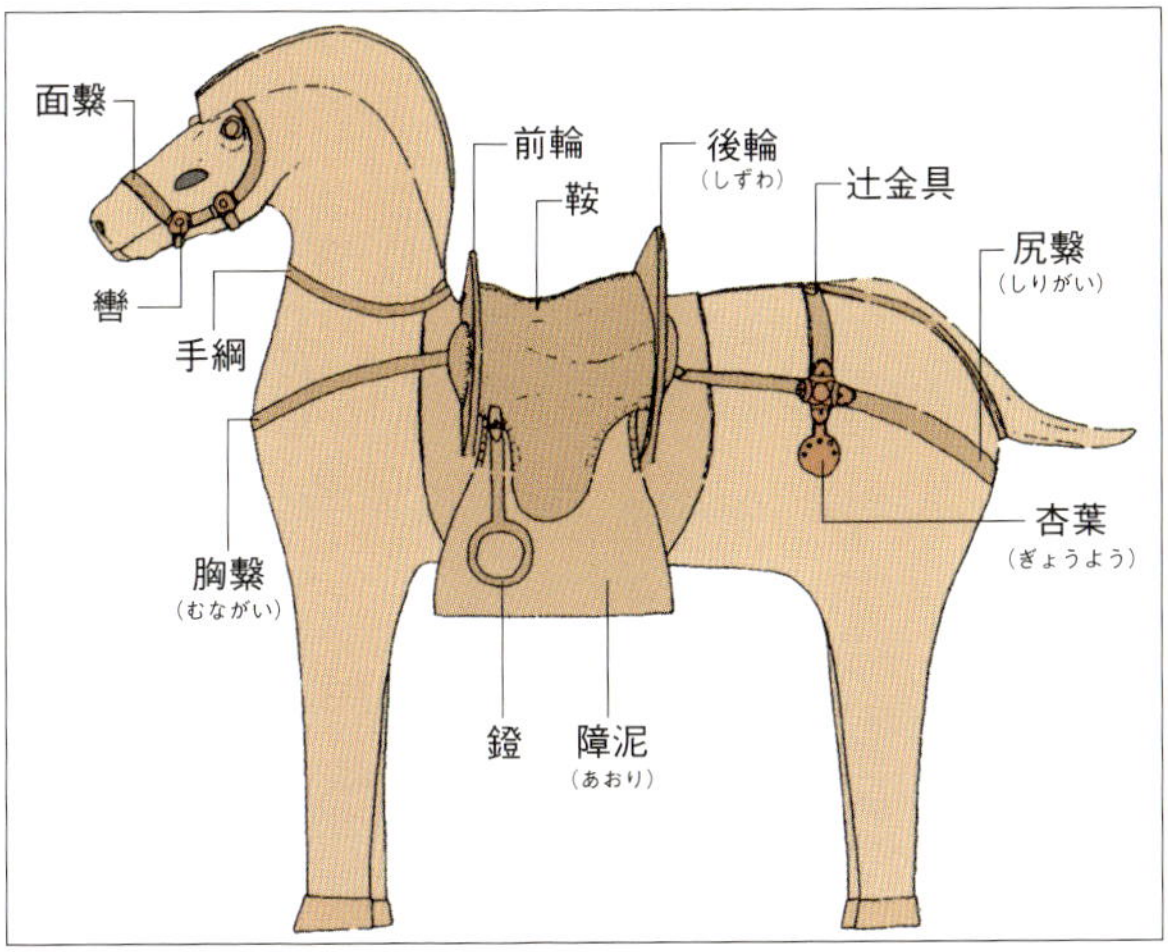

図19 ● 仁徳陵古墳採集馬形埴輪の模式図
図31に示した馬形埴輪やその他の破片をもとに作図した。
きらびやかなものは表現されていないが、それ以降の馬具の基本的なセットは表現されている。

新羅の流れをうけるが、この類のものは軍勢が騎乗するとは考えにくい品物が多い。図20に見るように本来、階層や用途によってこまかく区別されたであろう。

このことは仁徳陵古墳採集の馬形埴輪をみると、面繋に表現される金具は環状の辻金具《つじかなぐ》が二個というシンプルなものであることからわかる。仁徳陵古墳のころに牧《まき》的施設として突発的にあらわれる大遺跡、大阪府四條畷《しじょうなわて》市蔀屋北《しとみやきた》遺跡がある。そこで出土した鑣轡《ひょうぐつわ》などは、見た目は素朴だが良質の鉄素材が使われている。いたって実用的な馬具とともに馬飼いの技術も整備されていたようすもうかがい知ることができる。

歩兵の軍勢

日本列島では、兵士が鉄に漆を塗りかためた短甲で武装していたころ、はるか朝鮮半島北部の黄海北道の冬寿墓《とうじゅぼ》（安岳《あんがく》三号墳・三五七年）の墓室壁面には、牛車に乗った人の左右に甲をつけた馬上に挂甲を着装した騎馬の行列が描き出される（図20）。高句麗では四世紀中葉には重装騎兵を用いていた。この姿はおそらく隋代末の七世紀はじめまでつづく。

こうした重装騎兵の行列と、歩兵を中心とした日本列島での短甲の武装とでは大きな差があ

図20 ● 中国東晋代　高句麗冬寿墓の壁画（357年）
中央やや右の主人の両側に弓矢をもつ歩兵と斧をもつ人、外側に槍をもつ騎馬兵が左右4名ずつ列をつくる。その前には長盾・丸盾・儀仗をもつ歩兵が7名ずつ並ぶ。

りすぎる。朝鮮半島南部でも馬甲、挂甲の出土が認められることから、中国大陸、朝鮮半島での五世紀前半の武装軍勢の格差はなくなっていた。しかしながら、乗馬の風習があったにもかかわらず、同じ時期の仁徳陵古墳築造のころの日本列島では、短甲をつけた歩兵を中心とした軍勢という独自の武装スタイルを顕示し、「祖禰みずから甲冑をつらぬ」くことを主張したのである。

ちなみに、日本列島で本格的な馬の武装として馬冑が登場するのは五世紀後葉の和歌山市大《おお》谷《たに》古墳例まで下る。しかし、その例は、それ以後にあっても非常にまれな存在であった。

4　仁徳陵古墳のころの新技術

ガラス製品

五世紀前半に、ガラスは多彩な材質と色調が好まれるようになる。兵庫県姫路市宮山古墳には瑪瑙《めのう》・翡翠《ひすい》の勾玉、碧玉《へきぎょく》の管玉、琥珀《こはく》玉、コバルトのガラス玉が組み合わせで出土している。また、大陸からの伝来品であるガラス容器も仁徳陵古墳前方部で壺・皿の出土が伝えられるほか、新沢一二六号墳の出土例がある（図21）。どちらも受け皿と椀がセットという組合せである。さらに、一二六号墳には火熨斗《ひのし》や金製品を中心とする装身具、四神を描く漆塗り木製板などもあり、奇異にみえるこの手の中国大陸、朝鮮半島の品々は想像以上に多くがセットという形で日本列島に入りこみ、上階層で出まわっていた可能性もある。

そうしたセットがくずれたのか、とくに愛用されていたのか、仁徳陵古墳前方部例ではガラス容器のみが特徴的なものとして記録されている。そこには須恵器や陶質土器はなさそうである。

鏡

鏡は四世紀に日本列島各地の古墳において大量に副葬され目立つ存在であったが、日本列島生産の鏡は小型化、簡素化し、斜縁《しゃえん》四獣鏡《しじゅうきょう》、珠文鏡《しゅもんきょう》を中心に図像としては消極的な画一化に向かう。その結果、五世紀前半以降は種類も限定され、画文帯神獣鏡《がもんたいしんじゅうきょう》、画像鏡《がぞうきょう》、獣帯鏡《じゅうたいきょう》などの踏み返し鏡とともに仿製鏡《ぼうせいきょう》がつくられる。ボストン美術館の細線式獣帯鏡はこうした流れのなかにある。

以上のように五世紀における新技術の導入点は手工業と武装に象徴されるように感じる。ただし、装飾性の強いものは武装といえども意外と実質的なものより外見的な独特の威儀具としての活用がみられる。その独自性は、内的には新技術を組織だった旧システムのなかにとり込んで拡大する姿と、外的には朝鮮半島、ひいては中国大陸との対外関係を意識しながら日本列島独自の主張を強調するといったものであった。独特なきらびやかさをかもしだす仁徳陵古墳出土品は、その両面性をもっていた。

図 21 ● **新沢 126 号墳、ガラス製椀・皿・帯金具の出土状況**
金製耳飾・腕輪・指輪、帯金具を身にまとい、龍文の金製方形冠をかぶる被葬者の頭部のそばにはコーヒーカップのように皿の上に椀がのせられていた。

第3章　仁徳陵古墳を復元する

1　仁徳陵古墳の特色

最大の墳丘

『日本書紀』仁徳六七年の条には、冬一〇月に河内石津原《いしつのはら》に陵墓地を定め、陵《みささぎ》の築造をはじめたことが記される。この日、野から走ってきた鹿が工事で動員された人のなかに入って死んだ。傷を調べてみると鳥の百舌鳥が耳から出てきて飛び去った。そこでこの地を百舌鳥耳原《もずのみみはら》と名づけたとある。『日本書紀』には八七年崩御とあるから、築造がはじまってから埋葬されるまでの期間は二一年ということになる。もちろん、これをそのまま信じることはできない。ただし、『日本書紀』の編纂者にとっても仁徳陵古墳の墳丘の大きさは特別な存在であり、生前から墓をつくりはじめた寿墓という話題は欠かすことができなかったのであろう。そうした理由で地名説話とともに伝承の核となるものは、言い伝えられていたのかもしれない。

仁徳陵古墳の被葬者は、数々の新技術をとりいれて独自の方向をめざし、技術の波及拡大をはかろうとしていた。しかし、古墳築造の基本的な部分は、前代からの物量的な拡大に注意がはらわれたにすぎなかった。というのは、埋葬主体は先行する津堂城山古墳の後円部の石棺を大きくこえることは考えにくいことから、やはり墓づくりとしては墳丘を中心に最大化したということになる。すなわち、仁徳陵古墳の話題として欠かせないのは最大を誇る墳丘なのである（図22）。

組織的な力

そこには当時の労働力、技術、組織力の粋《すい》をみることができる。墳丘築造の実現のためには、一次的には草木の伐採、周濠の土を掘って墳丘の土を盛る、葺石《ふきいし》の石を運んで葺く、埴輪《はにわ》を運ぶといった一般労働力、二次的には墳丘の設計、施工、管理、三次的には埴輪・副葬品・石棺・石室製作の技術者はもちろん、一般労働力の確保と掌握、それらの人びとを支える住まい、食料、道具などが必要となる。

図 22 ● 復元された築造当時の仁徳陵古墳
三段築成の大きな墳丘。斜面には石を葺き、テラスや頂部肩口に埴輪列をまわす。
後円部頂には方形壇、墳丘本体周囲には水をたたえた周濠をめぐらす。
（ＣＧ製作は大阪大学工学部笹田研究室）

五世紀前半、日本列島のなかでも墳墓の築造がもっとも激化したのは畿内であった。墳丘築造のため、各地から人をよぶ集団関係と往来のネットワークを生みだしたことは想像に難くないだろう。一基の古墳築造に多くの人びとを巻きこんだのである。この巨大な古墳がどのようにつくられたのか、それをみてゆこう。

2　宮内庁による観察報告

改変説や未完成説

柏木政規による『明治壬申（五年）九月七日　和泉国大鳥郡　仁徳天皇御陵　南登リ口地崩出現ノ石棺并石郭ノ図』には「丸石坂南面ナリ」とあり、前方部前面には葺石が存在していたことがわかる。

仁徳陵古墳は、後円部の上半分と前方部中央・側辺の崩れがひどい（図3）。これは一三九九年（応永《おうえい》六）に大内義弘《おおうちよしひろ》が室町幕府と戦った際の「堺城」の改変や地震によるものという説や、墳丘のくずれが大きい部分は未完成であったという推測まである。

墳丘の前方部（図23）

墳丘各部については、二〇〇一年の宮内庁によるくわしい観察の報告がある。

墳丘の前方部西側は、大きく崩れて底径一二メートルの丘状の地形になっている。しかし、

前方部の石列

前方部のコーナー

図 23 ● **前方部の墳丘状況**
前方部前面の下段斜面上端から上段斜面中ほどには石列がみえる。東コーナーの下段テラス付近の石列は高さ 60 ～ 70 ㎝ の石垣状になっている。

後円部の第３段（上段）テラス

後円部の第１段（下段）テラス

図 24 ● 後円部の墳丘状況

上段斜面中ほどには、ほかの古墳ではみられない幅３ｍほどのテラスが設けられる。一方、中・下段のテラスは 10 ｍある。下段斜面は現状の水面から 2.5 ｍの崖になり、表面観察だけでは正確に復元することはできない。

観察だけでは原形を推測しようがないようである。測量図からはしっかりしているようにみえる前方部前面は、その前面のみに観察できる何条もの人頭大の川原石の石列があるらしい。それらは両コーナー付近では石垣状となって終了する。この状況は、調査されたほかの類似する古墳にはみられない。この石垣についての宮内庁の所見は、拝所からの見ばえを意識した後世のものかとする。

さらに、一八七二年（明治五）の崩壊の痕跡は観察できないらしく、石室露出後にかなりの改変があったようである。それでも全体として墳丘の三段築成は確認でき、上段が中段と下段の幅の倍となる。高さもまた上段が一七・五メートル、中段が一〇・二メートルになる。この違いは頂部から斜面にかけて三・七メートルのところで傾斜を変えているからである。これ以外では、二〇度前後の傾斜角度となる。前方部前面と側面の角度はその接するコーナーで七五度開くことになる。

墳丘の後円部（図24）

さて、後円部墳頂部の最高地点は記録どおり楕円形となる石柵に囲まれるが、その場所は中心部にはならないようである。

本来の後円部墳頂部平坦面は径七一・三メートルに復元され、サッカーのフィールド半分くらいの大きさになる。これは、記録に残る埋葬主体にくらべてあまりに広い。中心埋葬以外の場所は何に使われたのか。高さが一七メートルほどになる上段上には長径二〇センチ前後の川原石があり、ほかの古墳より大きな葺石が葺かれていたことになる。上段を二分するテラスは三メートルほどの幅がある。これは築造当初から備わっていたようだ。この段は測量図からも安定してまわることが読みとれる。この造作は上段の高さゆえかもしれないが、前方部は傾斜角をかえる処理をしている。先行する応神陵古墳にもみられないものである。履中陵・応神陵古墳築造をへることによって、こうしたテラスが工法上で必要と考えたのかもしれない。

後円部の中段の高さは八メートル、斜面長は一七・五〜二一・三メートル、後円部斜面角度は二〇〜二五度。この斜面角度は、盛土を主とした古墳の平均的なものである。中・下段のテラスは一〇メートルほどという驚くべき広さになる。

3　設計のモデルは、どの古墳？

モデルは応神陵古墳

仁徳陵古墳を日本最大にした設計方法は、応神陵古墳の「胴を延ばす」というものであったと一九六九年に上田宏範は指摘した。これはその当時、実測図を前にして比例コンパスと定規とトレーシングペーパーの山のなかでの思案の末のものであった。現在では、コピーが一般化して情報量の多い等高線図を直接に用いた分析方法が一般的になっている（図25）。

一連のモデルプランを多くもつ前方部の短い応神陵古墳の類型は、墳丘に造出し、周囲に精美な盾形周濠および外堤・外周溝を確立させる。墳丘本体は、墳丘／後円部長径指数が一・七前後のもので、後円部径：前方部幅比は基本的に一：一である。代表的なものには履中型、墓山《はかやま》型がある。とくにそれらは五世紀前半前後の時期を中心とする。この類型は重要であり、日本列島の広範囲にひろがっている。

さて、仁徳陵古墳の類型は、応神陵古墳の段階の延長線上にある。応神陵古墳の型を踏襲しながらも、墳丘／後円部長径指数を二・〇前後と前方部を増大させて、墳丘規模全体の拡大をはかっている。

実は、この墳丘本体の比率はすでに馬見《うまみ》型で達成されている。それをこの段階に至って、大王墓級の墳墓にとり込んで融合し、それが日本列島最大規模へと一気に成長したのである。この墳丘形態は、もっともわかりやすい比率であり、関東・九州などでは、そのまま前方後円墳の終焉までこのスタイルを踏襲するものがある。それでも、最大の墳丘をもつ

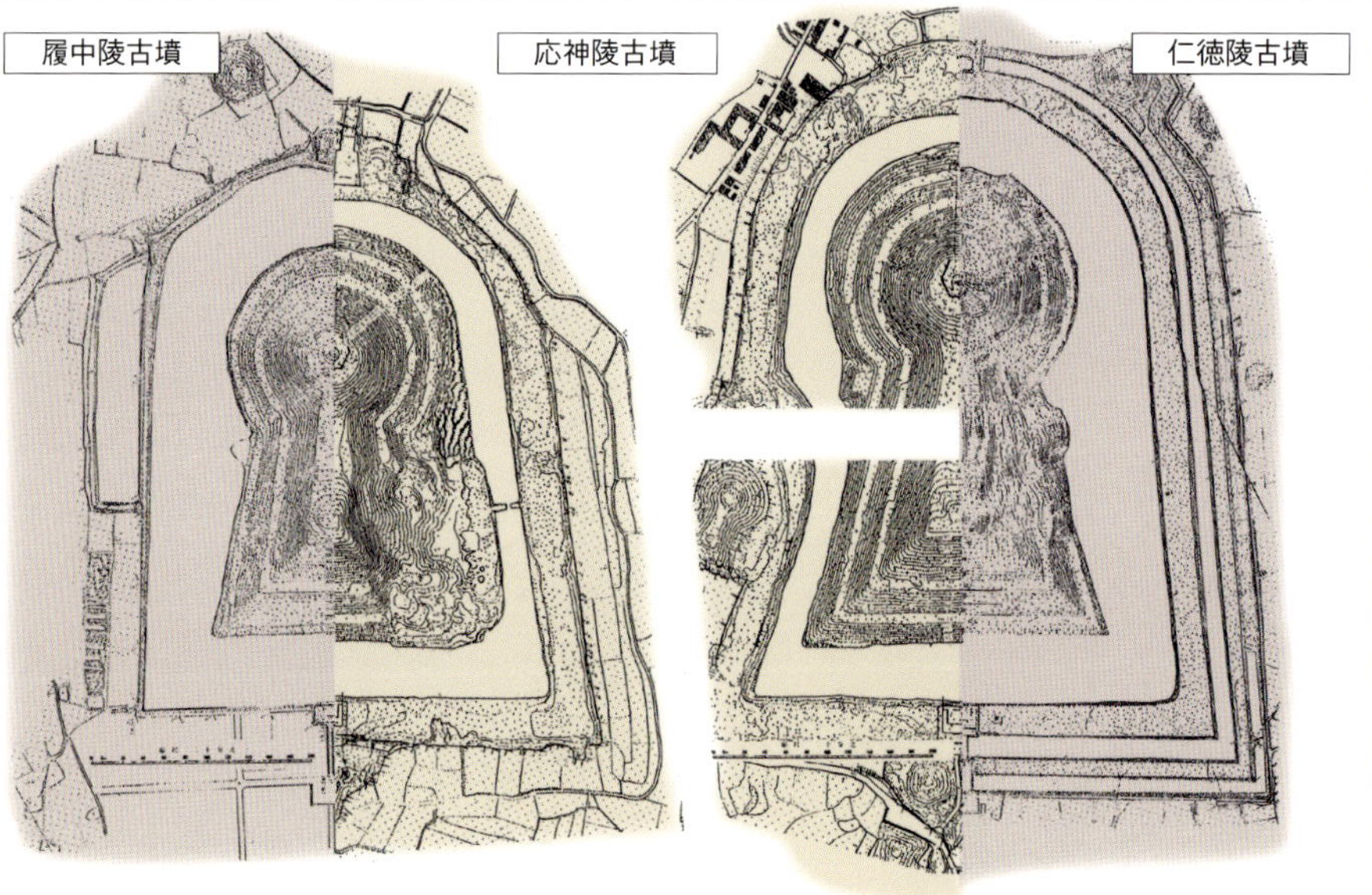
応神陵古墳を93%に縮小
履中陵古墳を100%とする
仁徳陵古墳を90%に縮小
応神陵古墳を100%として前方部をのばす

図25 ● 履中陵古墳・応神陵古墳・仁徳陵古墳の墳丘比較
それぞれの古墳をくらべたときに、大きく違うのは濠水面下の墳丘下段のみである。

仁徳陵古墳は各地の墳丘増大化を助長させるようなことはなかった。

仁徳陵古墳の墳丘は絶対的な存在感を周囲の勢力に与え、大王墓の墳丘規模が相対的に優越するという階層的な規模序列に終止符を打つことになった。以後、仁徳陵古墳より大きな古墳がつくられることはなかったのである。

地域内で展開する馬見型と地域をこえる墓山型

古墳の墳丘類型にはいろいろあるが、ここではそうしたものと関係する墓山型と馬見型をみておきたい。応神陵古墳や仁徳陵古墳のような墳丘は、周囲の古墳づくりの墳丘の変化に主導的な役割をはたして影響をもつ。しかし一方で、この流れに対して追尾しながらも、基本的なスタイルは半世紀をこえるような、長期にわたって継続する二つの代表的な長期モデルがある。それは地域内・群内で展開する馬見型と地域間を移動する墓山型である。

前者の馬見型は、原則として（後円部径＝前方部幅）×二＝墳丘長＝二〇〇メートル前後（中段裾は一八〇メートル前後）、墳丘長／後円部径の長径指数が二・〇という数値と比率を示す。これは奈良県馬見に属するものを主とする。大和高田市築山古墳から河合町川合大塚山古墳まで、この馬見型はおよそ四世紀後葉から五世紀中葉までの七五年間にわたって同じ地域内でつづいてつくられる。

一古墳群内で安定してモデルを継続させる馬見型に対して、墓山型は後円部径一三五メートル、前方部幅一五〇メートル、墳丘長二二五メートル前後（中段裾は一九五メートル前後）、墳丘長／後円部径指数一・七前後を示す。大阪府羽曳野市墓山古墳とともに、この類型に含まれる大阪府茨木市継体陵古墳・藤井寺市允恭陵古墳も含めて、半世紀にわたって地域をこえて順次つくられていく。墓山型と相似形の関係をもつコナベ型は関東から九州まで広域に拡がる。

馬見型は地域をこえることがないので、被葬者自体の血縁、地縁的な系譜性をたどることができる。一方、墓山型は地域をこえてつくられることから、造墓集団を優先したとみることができる。応神陵古墳は後者の広域的な墳丘形態にささえられた墳丘設計で、仁徳陵古墳はそれに馬見という地域の墳丘の型をとり入れたことになる。ちなみに、馬見型は応神陵古墳のある古市《ふるいち》古墳群では築かれない。

古墳の新旧

こうした墳丘類型は、墳丘の変化はわずかずつだが、全体の推移にしたがって前方部が大きくなり、それにともなって周濠の前方部幅が広くなる。こうしたことなどから、築造時期の新旧をある程度、つかむことができる。

主導する履中陵古墳、応神陵古墳、仁徳陵古墳の墳丘の変化をそれぞれ墳丘上段の標高でくらべてみよう。履中陵古墳の後円部頂は四四・六メートル、前方部頂は四二メートル、応神陵古墳の後円部は五八・六メートル、前方部は五八メートル、仁徳陵古墳の後円部は五〇メートル、前方部は五〇メートル。墳丘中段裾の径と幅は、履中陵古墳の後円部は一八五メートル、前方部は一九〇メートル、応神陵古墳の後円部は二〇〇メートル、前方部は二二〇メートル

（推定）、仁徳陵古墳の後円部は二二〇メートル、前方部は二五〇メートルとなる。これらは徐々に、墳丘全体とともに前方部が大きくなっていく志向がみてとれることになる。

4　墳丘の復元

従来説よりも大きい仁徳陵古墳

大阪府立近つ飛鳥博物館の展示で一五〇分の一、直径一〇・五メートルの仁徳陵古墳の復元模型を製作した（図26）。それから得られた墳丘各部の大きさは全長八四〇メートル、墳丘長五一二（四八六）メートル、後円部径二八四（二四九）メートル、後円部高三七・五（三五）メートル、前方部幅三五二（三〇五）メートル、前方部高三七・七（三三）メートルとなる。括弧内の数字は、従来言われてきたものである。墳丘長で二六メートル、後円部径で三五メートル大きくなる（表1）。これは、周濠にたまる水で見えない墳丘裾をどのように復元するかにかかわってくる。*

図25は、墳丘長日本第三位の大阪府堺市履中陵古墳、第二位の羽曳野市応神陵古墳、第一位の仁徳陵古墳の測量図を半分にしてそれぞれの墳丘をくらべることができるようにした。等高線の粗密で粗いところが平坦なところであり、密なところが斜面になる。三古墳とも三段築成であることがわかり、中段の幅は一致する。しかしながら、履中陵・仁徳陵古墳の下段はほとんど幅がなく、それにくらべて応神陵古墳は中段と同じ幅で下段がまわっている。つまり履中

*仁徳陵古墳の墳丘裾の周濠の水没については、復元すれば五一二メートルは超えるが、宮内庁は、二〇一七年までに航空レーザ、音響測深器、移動体計測を統合して調査した所見から、五二五メートルで墳丘裾斜面が屈曲するとする。多少は墳丘崩壊土などで屈曲が緩慢になると考えると、その長さはその間の数値におさまるであろう。ゆえに、五一二メートルは明らかに超える。

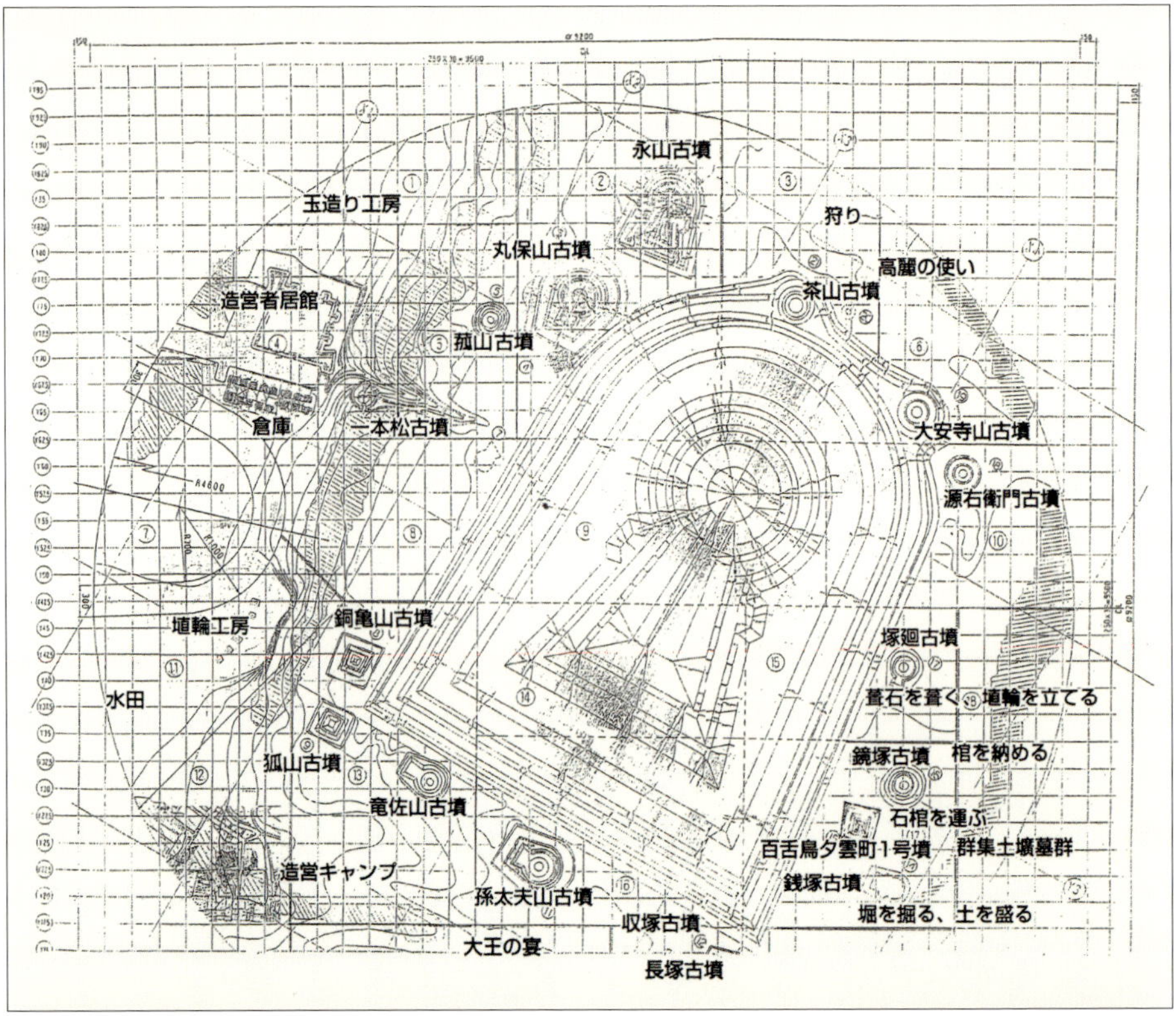

図 26 ● 仁徳陵古墳の復元模型設計図と築造当時の復元模型
470 年秋ごろの設定。海浜部から古墳が立地する台地へとつながる範囲。周囲の中小古墳ではその築造過程、外縁には古墳づくりにかかわるムラや水田を描く。

陵古墳と仁徳陵古墳は中段の幅と下段の幅が同じであるとすれば、八割近くが水没して測量図に反映されないことになる。そうであるなら、履中陵古墳と応神陵古墳は各段が同一となり、仁徳陵古墳と応神陵古墳の後円部の各段もまさしく一致することになる。先の上田宏範氏の指摘どおり、応神陵古墳と仁徳陵古墳の違いは前方部をのばしただけということになる。

図25からわかるように、履中陵古墳と応神陵古墳は七パーセントの誤差で似ていることがわかる。ちなみに、同一設計といわれる大阪府羽曳野市墓山古墳、茨木市継体陵古墳、藤井寺市允恭陵古墳の各古墳には一〇パーセントの誤差がある。仁徳陵古墳は、応神陵古墳の後円部と一〇パーセントの誤差をもちながら前方部をのばすことになる。

周濠の本来の水位

この同一性からすれば、第一位～三位と三古墳に順番がつけられていたことに違和感をおぼえるだろう。しかし、陵墓を測量した時点で履中陵古墳と仁徳陵古墳の水位は高く、応神陵古墳は低くなっていることに大きな原因があった。この不確定な

図27 ● **空からみた仁徳陵古墳**（東から）
図26の築造当時は緑に浮かぶ白い葺石におおわれた墳丘。こちらは白いコンクリートに囲まれた緑豊かな墳丘が現在に残る。手前にはＪＲ阪和線が古墳に沿うように走る。

各部名		数値	梅原・大林組※1	五色塚古墳※2
墳丘規模	全長	840 m		
	墳丘長	512 m	478 m	194 m
	後円部径	284 m	245 m	125 m
	後円部高	37.5 m	30 m	18 m
	前方部幅	352 m	300 m	81 m
	前方部高	37.7 m	27 m	11.5 m
面積	全体	463153 m^2		
	墳丘面積	135114 m^2	103410 m^2	
墳丘体積(盛土分)	中段	622701 m^3		
	上段	502273 m^3		
	計	1124974 m^3	1405866 m^3	
墳丘体積	下段	1066216 m^3		
(総計・見かけ上)	計	2191190 m^3	1405866 m^3	
周濠・周溝(最低)	内濠	707781 m^3	599000 m^3	
掘削体積	外濠	126009 m^3	139000 m^3	
	外周溝	144079 m^3		
	計	977869 m^3		
(見込み最大掘削)	計	1104906 m^3		
埴輪関係数	埴輪列	12425 m	7500 m	
	墳丘各段基底部	5931 m		
	円筒埴輪	18200 本		
	朝顔形埴輪	3043 本		
	盾形埴輪	3032 本		
	笠形木製品	6054 本		
	さしば形木製品	531 本		
	計	30860 本	15000 本	2200 本
葺石数(五色塚のみ)	上段	2880592 個		383300個 1235 t
	中段	2107733 個		331500個 1043 t
	下段	2639880 個		
	計	7628205 個	5365000個 1400 t	
	内堤内	2322911 個		
	内堤外	1126389 個		
	外堤内	1480818 個		
	外堤外	2047367 個		
	計	6977485 個		
	総計	14605690 個		

表 1 ● 仁徳陵古墳の復元模型の実寸換算数値と従来説の数値および発掘数値の比較

※ 1 =梅原末治 1955「応神・仁徳・履中三天皇陵の規模と営造」『書陵部紀要』5、
大林組プロジェクトチーム 1985「王陵」『季刊大林』20。

※ 2 =神戸市教育委員会 1958『史跡五色塚古墳』復元・整備事業概要。

数値算出には、株式会社ヤマネの協力を受けた。

まず、墳丘体積の中・上段の計の数値と下段の数値を比較してほしい。112 万 4974 m^3 と 106万 6216 m^3 で、6% の誤差となる。また、内濠などの見込み最大掘削体積の合計は 110 万 4906m^3 であり、中段・上段の体積 112 万 4974 m^3 との誤差は 2% である。図 28 のように墳丘本体部分が微高地をのみ込んでいたとすれば、ほぼ下段は周濠を掘削して形づくり、そうした掘削土を内側の中・上段の盛土に使った可能性がきわめて高いのである。

水面を古墳時代人は考慮していたのだろうか。

　大阪府羽曳野市栗塚《くりづか》古墳など古市古墳群の古墳には、墳丘裾で水がたまることを考慮した部分には、斜面傾斜をゆるくして水を受ける小礫風の石を敷くというような葺き方の例が多々見うけられる。古墳本来の周濠はあまり深く水をためることを考えてはいなかった。

　測量図にある履中陵・仁徳陵古墳の周濠の場合は、西にある中近世の堺環濠都市を中心とした北庄《きたしょう》・中筋《なかすじ》・舳松・湊《みなと》村の水利との関係で、水溜めの役割をはたすために水位をあげたために高くなったのであろう。

墳丘の本来の姿（図28）

　古墳時代中期・五世紀の前方後円墳は、ふつう台地に築かれて上・中・下と三段に分かれる。周濠掘削で下段を削りだして、それで得られた土砂を中心に盛土して中・下段が形づくられる（表1墳丘体積）。また、下に掘りこむ周濠掘削時に際しては、雨水や湧き水などの排水が必要なため、排水溝をつくって近辺にある低い土地に落とすことになる。仁徳陵古墳の西側には樋《ひ》の谷《たに》という谷（図3）と低地があり、先に述べたように下段の斜面の幅・高さを中段の斜面と同じ幅・高さで一対一にする深さまで掘削できるということになる（図26・28）。

　仁徳陵古墳は掘削の後、二〇センチの大きな川原石を用いて葺石を葺いている。*後円部上段中央にある幅三メートルのテラスには何もおかなかった可能性があるが、上・中段のテラスは幅が一〇メートルあり、埴輪列および木製飾り物の列がおかれたであろう。造出しのほうは、

＊二〇一八年の宮内庁と堺市の発掘調査で、仁徳陵古墳の内堤は幅が三〇メートルの平坦なものであることがわかったが、同時に、その上面にていねいに石を敷くことがわかった。敷き方は作業単位が読みとれる目地のようなものはないランダムなもので、拳大の石やバラス状のものがブロックとして重なり合い、一重から二重に敷かれている。ほかの古墳には今のところ認められないしっかりとしたもので、この古墳をいかに入念につくったのかを物語っている。これを機に、ほかの古墳でも小ぶりながらも同じようなものが備わっていた可能性があり、今後の調査時に検出を心がける必要があろう。

埴輪列で区画されて須恵器の大甕のミニチュアが数多く並べられていた（図38）。さらに、堤はおそらく埋葬後に先の排水溝が埋められ、内外の両肩付近に埴輪列および木製飾り物の列がおかれ、南西には外区をもうけて巫女・馬形埴輪などが並べられた（図30・31）。

二重濠か三重濠か

仁徳陵古墳は、現在、三重の堀によって囲まれている。しかし、末永雅雄は、地形の変化がひどく、本来は二重濠であったのか、外側の濠は空隍《からぼり》だったのか、または堤を広くしたものだったのか、水濠・空隍がなく直接封土がまわるものだったのかよくわからないとした。

仁徳陵古墳の濠は二重濠なのか、それとも三重濠なのだろうか。

中井正弘によって『大仙陵新開之帳』（高野家文書）などの資料が見い出され、幕府の新田

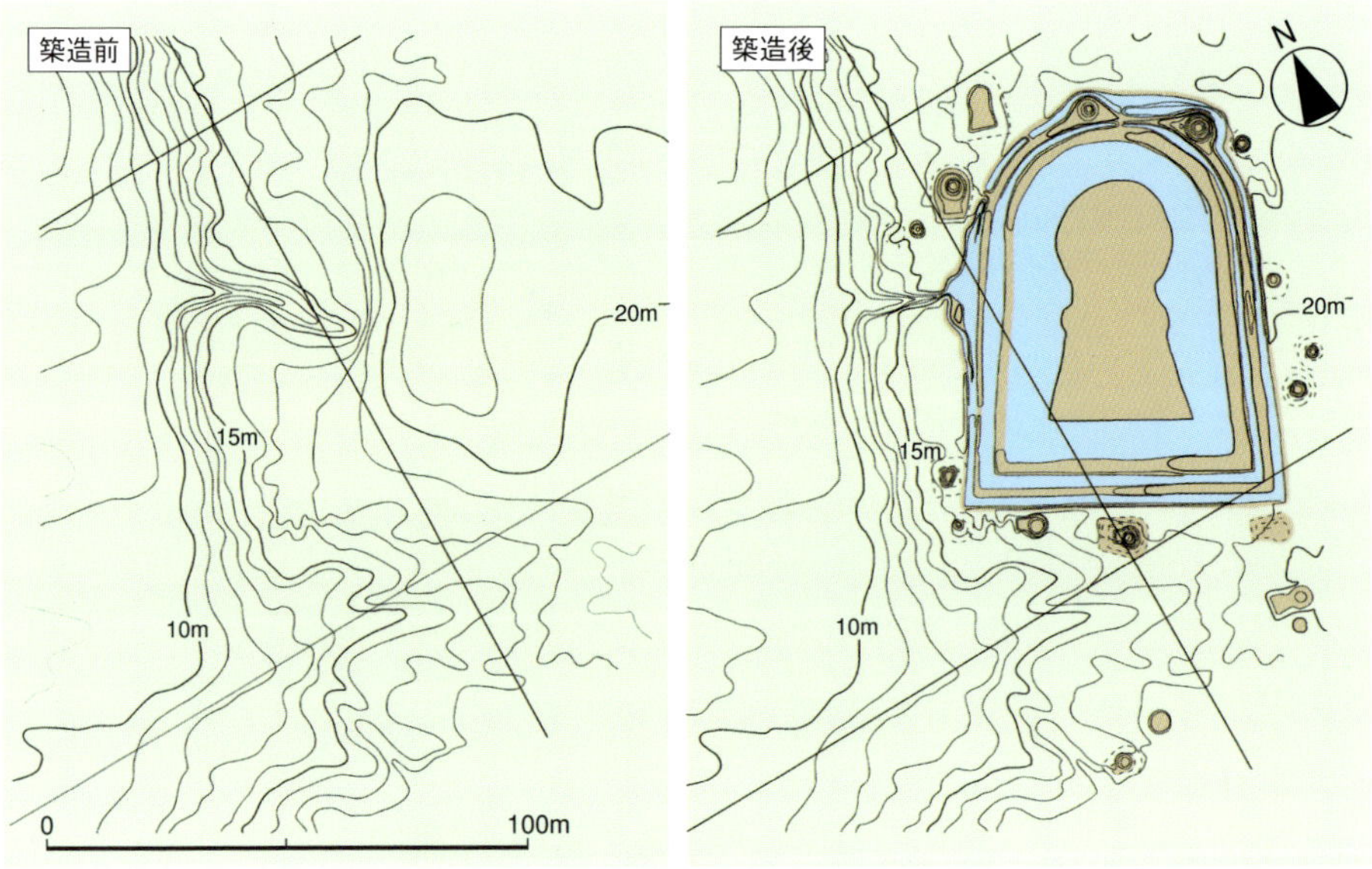

図 28 ● **仁徳陵古墳築造前推定地形**（左）**と築造後**（右）
台地端の南北にのびる微高地上に墳丘本体主軸をのせ、中央西側の谷を利用して周濠掘削時の雨・湧水を排水した。おもな築造資材搬入もここを使っただろう。（地形図作成にはおもに大阪府 1961 年 1/3000 を用い、築造前は周囲の発掘・立会・ボーリング調査などを参考にした）

開発政策によって一六九一年（元禄《げんろく》四）から一六九五年（元禄八）にかけて、三重目の濠の大部分が埋められて開墾されていることがわかった。それは仁徳陵古墳の南・東側から東側におよぶ。このことからすれば、江戸時代のはじめには、仁徳陵古墳には三重の堀がまわっていたことになる。

その後、一八九九年（明治三二）から一九〇二年（明治三五）にわたって明治政府によって濠の再掘削がおこなわれた。

この修築がどのようにおこなわれたか、ほかの古墳の事例をみてみよう。奈良県天理市崇神陵古墳や景行陵古墳などのように本来の周濠の内側に築堤するもの、また大阪府羽曳野市仁賢《にんけん》陵古墳・清寧《せいねい》陵古墳のように濠内の堆積層の上に積土をしているものや幕末までの水田をおおう堤上部に二度も盛土するものなどがある。こうしたほかの陵墓にみられる濠の再掘からすれば、仁徳陵古墳の外側の堀の再掘も台地の固い土層をさけて、堀内のやわらかい層をいわば浚渫のようなかたちでおこなわれたとみたほうがよい。

その堀の周囲の地形の標高は、もっとも高い北東部で二〇・八八メートル、東側で二〇・三九メートル、北側で一九・〇二

図 29 ● **仁徳陵古墳の墳頂部再現**（前方部から後円部をのぞむ）
径 70 mの後円部墳頂、190×40 mの前方部。ＣＧシミュレーションでは前方部側面肩にある埴輪列は中央に立つと目に入らない。後円部からは河内平野、上町台地、大阪湾が一望できる。左手奥には大阪湾と六甲山地が見える。（ＣＧ製作は大阪大学工学部笹田研究室）

メートル、南東部で一九・八五メートルとあまり差がない。しかし、前方部は東隅で一八メートル、西隅で一六・六六メートル、南西側で一七・三六メートル、北西一六・七二メートルと全体に西側へ下がる。全体の高低差としては樋の谷のある低い西側をのぞいても四メートルはある。堀幅が二〇メートル、二五度傾斜の急斜面だと仮定しても八メートル以上の深さは掘れない。これなら、低い西側は冠水したとしても、東側の大半は水がわずかしかたまらないことになる。内濠は上が水平な内堤に囲まれて底も水平を保ち、外濠も同じく外堤に囲まれる。しかし、問題となる堀は堤に囲まれずに不安定な地形がとり囲むばかりか、底のレベルも安定しない。このことから、この堀は外堤をかたちづくるために掘られた水をたたえる意図のない「外周溝」というものになる。

すなわち、本体外周は二重濠・堤と外周溝、総じて三重堀なのである。仁徳陵古墳の周囲は、つくられた当時のままの三重堀の姿をあらわしていることになる。したがって古墳の周囲を調査すると埴輪がよく出てくるほかの古墳にくらべて、ほとんどその周囲から埴輪が出土しない理由もそこにある。

5 仁徳陵古墳と陪冢

仁徳陵古墳の周囲を歩くと前方後円墳、帆立貝式古墳、円墳、方墳といったように、さまざまな墳形の古墳をみることができる。これらは仁徳陵古墳と接する中小古墳であることから陪冢《ばいちょう》とよばれている。くわしくみると、まず外堤上に円墳の径五五メートルの茶山《ちゃやま》・径六〇メートルの大安寺山《だいあんじやま》古墳があり、外堤周囲には丸保山《まるほやま》・収塚《おさめづか》・塚廻《つかまわり》・竜佐山《たつさやま》の帆立貝式古墳、永山《ながやま》・長塚《ながつか》の前方後円墳、銅亀山《どうがめやま》の方墳がある（図26）。下水道や遊歩道建設などにともなう周囲の調査所見から、少なからず各古墳の築造時期の傾向を読むことができる。

長塚古墳　墳丘長一〇〇メートルをこえる時期の仁徳陵古墳周囲では古い前方後円墳で、後円部径は五五メートルである。出土した円筒埴輪から、その築造時期は仁徳陵古墳と同じころでよいだろう。

永山古墳　墳丘長一〇四メートル、後円部径六三メートルの長塚古墳と似た規模の前方後円墳であるが、詳細はわからない。ただし、長塚古墳とこの古墳が仁徳陵古墳の北西と南東の対角線上にあることが興味ぶかい。

収塚古墳　帆立貝式前方後円墳で墳丘長六五メートル、後円部径三五メートルである。周濠から五世紀中ごろ（TK二〇八型式）の須恵器器台が出土する。仁徳陵古墳よりやや新しく、つぎに築かれるニサンザイ古墳までは下らない。

源右衛門《げんえもん》古墳　径三四メートルの円墳。円筒埴輪から、収塚古墳と同じころに築造されたと推定される。ただし、その円筒埴輪は整然な仁徳陵古墳の円筒埴輪の系統からはなれて百舌鳥古墳群に特有なヨコハケを水平方向に施すAb種ヨコハケ（69ページ参照）が目立つ。

塚廻古墳　径三五メートルの円墳だが、大阪府藤井寺市鞍塚《くらづか》古墳のような造出しがつく帆立貝式古墳の可能性が残る。収塚古墳や源右衛門古墳と同じころの築造であるが、円筒埴輪をみると、二つの古墳よりも整然としており、より徹底した統制のもとに築造されたように思われる。

菰山古墳《こもやま》　仁徳陵古墳の西側に位置する。円筒埴輪は仁徳陵古墳と同じころのものである。

竜佐山古墳　墳丘長六一メートルの帆立貝式古墳。円筒埴輪がわずかに出土する。

丸保山古墳　墳丘長八七メートル、後円部径六七メートルの帆立貝式古墳。円筒埴輪はニサンザイ古墳と併行する。

一本松古墳《いっぽんまつ》　径二〇メートルの円墳。五世紀後半（ＴＫ二三〜四七型式）の須恵器が出土する。

以上のように、外堤上にある茶山・大安寺山古墳はともかくとして、周囲の古墳のほとんどが仁徳陵古墳築造を契機として造墓されたことがわかる。

仁徳陵古墳と完全に重なる埴輪が認められないことから、大阪府羽曳野市墓山古墳に対する西墓山古墳のような武器・武具、農工具などをつめた副葬庫的な古墳施設はなさそうである。さらに、周囲の古墳は大きなものから小さなものへ、さらに前方後円墳から帆立貝式古墳、円墳へという縮小する墳丘変化の傾向も見てとれる。

この傾向は百舌鳥古墳群全体でも、仁徳陵古墳の段階で中形前方後円墳系譜が円墳や帆立貝式古墳へと変化するという共通した特徴がある。古市・百舌鳥の両古墳群は時期が多少ずれるが、応神陵古墳・仁徳陵古墳といった群内で圧倒的な大型墳が築かれた段階に、周囲の古墳の形や規模の規制を貫徹することが容易にできるようになった事例であるといえよう。

そのような規制があったにもかかわらず、仁徳陵古墳築造中や後に順次、衛星的に本体を保護するように囲んで、おのおの古墳を築いていく姿は義務的にすらみえる。

第４章　埴輪と須恵器を焼く

1　採集された埴輪

埴輪は仁徳陵古墳に何本並べられた？

仁徳陵古墳の模型復元時に算出した数字から、列にして並べられた円筒埴輪類は二万四二七五本にもなる（表1参照）。埴輪類の全体としては三万本に近かったであろう。

形象埴輪は人物・馬形・水鳥形・蓋《きぬがさ》形埴輪などがある。

二〇〇一年の宮内庁の報告にある人物埴輪は、島田髷《しまだまげ》を結う巫女《みこ》の形をしたものである（図30）。これは、今のところ最古の人物埴輪である。男子形埴輪の足部分もある（図30）。明治三〇年代以降に第三濠、すなわち外周溝を浚渫したときに北西側から出土したとされる。馬形埴輪は二点あり（図31）、面繋が表現され、一個の辻金具がある。これらは表面の粘土のつき方や胎土の共通性、そして多くが頭部を中心として選択的にひろわれていることからしても、一

犬もしくは鹿形埴輪　頭部　高さ 28.5 cm

人物形埴輪　女子頭部　高さ 19.5 cm

水鳥形埴輪　頭部　高さ 32.5 cm

人物形埴輪　男子左足　縦 32.0 cm

図 30 ● **仁徳陵古墳採集人物埴輪**（右）**と動物埴輪**（左）

頭部　高さ 20.2 cm

頭部　高さ 23.7 cm

鞍部　横 75.0 cm

図 31 ● 仁徳陵古墳採集馬形埴輪

括で出土した可能性が高く、この時点では外周溝はあまり乱されていなかったことにもなる。そうであるなら、外堤上には群馬県高崎市保渡田《ほどた》八幡塚《はちまんづか》古墳のように、外区が設けられて（図32）、そこに人物などの生物を中心にした埴輪が並べられていた。それが外側に倒れこんだことになる。

円筒埴輪

円筒埴輪（図33・34）については、二〇〇八年の加藤一郎の報告がある。紹介されたものは、東側造出しから採集されたものが多い。後円部東側北・中央・南、後円部西側裾、西側くびれ部、前方部前面、前方部東側裾であり、墳丘本体からまんべんなく採集されたことになる。大きさは径四〇センチ以上が七点、三五センチ前後が一二点、二五センチ以下が一点である。凸帯間隔一〇・五センチで、すべて窖窯《あながま》による焼成であり黒斑がない。あとでくわしく説明する外面調整は、Bc種ヨコハケが非常に多く、静止痕の間隔は短く、わずかにBd種ヨコハケがみられるものである。下から二段目以上でこのB種ヨコハケを省略したものはな

図32 ●保渡田八幡塚古墳の外区の埴輪群
仁徳陵古墳で採集された埴輪は、堤の外側に張出す別区の可能性もあるが、外堤隅付近とされることから、外区のほうがふさわしい。写真の左に馬、中央に犬、右に鳥、奥に巫女・男子がみえる。

い。最下段の高さは一〇・五センチと一二センチで凸帯間隔と変わらない。口縁部は直立するものが多く、口縁部高は一〇センチ前後のものが多い。Bd種ヨコハケが見られる個体は傾き軸が安定せず、体部のヨコハケも不規則である。ふつうはこの手の雑なものがそれなりに含まれるが、仁徳陵古墳ではこの一例のみであり、その比率をみると、雑につくられた円筒埴輪はきわめて少ないだろう。

　仁徳陵古墳墳丘に立ち並ぶ埴輪は、先にもふれたように三万本近くを概算できる。* その直前に築造された大阪府羽曳野市応神陵古墳の埴輪生産において、すべてのものを窖窯で焼くようになった。しかし当初、大阪府堺市百舌鳥古墳群、藤井寺・羽曳野市古市古墳群をはじめとする拠点的な地域の古墳のものにすぎなかった。仁徳陵古墳の段階には飛躍的に窖窯焼成の埴輪をもつ古墳がふえ、製作技術の画一化が達成された。川西宏幸《かわにしひろゆき》は円筒埴輪を全体に五期に分けたが、五世紀を窖窯焼成をもって前後に分け、第Ⅲ期と第Ⅳ期として区分する目安にした。そのほかの目安としては、体部にある透《すか》しが半円や長方形をほとんど含まず円形に統一されることがある。そして、製作時期の新旧を知るのに、次に述べるB種ヨコハケがある。

　まず、大きさでは先行して状況がよく把握される応神陵古墳の円筒埴輪と仁徳陵古墳のものをくらべると、口径は五六～三〇センチから四〇～二五センチとなる。最下段は一一～一三センチから一〇・五と一二センチと狭くなる。口縁部高も一〇・三～一三・五センチから一〇センチ前後になる。凸帯間隔は一〇・四～一二センチから一〇・五センチにしぼられる。仁徳陵古墳の円筒埴輪は全体に小さくなるが、小形のもので均質な生産という道を選んだのである。

*二〇一八年の宮内庁と堺市の発掘調査で、いままでその存在が明らかでなかった内堤の外側の円筒埴輪列の存在がわかった。これにより、円筒埴輪は内堤両肩とも密に接して並べられていることがわかった。ほかの地点についても、同様に一メートルで二・五本を並べたとして試算すると、円筒埴輪列だけで仁徳陵古墳には三万一〇六〇個がつくられたことになる。

図 33 ●**仁徳陵古墳採集の円筒埴輪**
上は口縁部、下は基底部付近。凸帯の間には外面調整であるＢ種ヨコハケがていねいに施される。下の凸帯側面にはヨコハケ工具の側面のアタリ痕がみえる。

円筒埴輪の外面調整

さて、円筒埴輪の外面調整の違いをみる前にその概要を述べておこう。横方向に輪積みして成形した粘土を縦方向になじませ、同時に平滑にするために外面一次調整のタテハケがある。その後、凸帯を貼り付け、その上をヨコナデしたあと、凸帯の間を横方向にハケを加える。円筒埴輪をスムースな円柱状にするためのヨコハケという外面二次調整である（図35）。

工具は板材の木口の部分を用いて埴輪器面をナデて平滑にするためのものである。四世紀のハケ工具に使用する樹種は豊富であるが、五・六世紀にはスギ

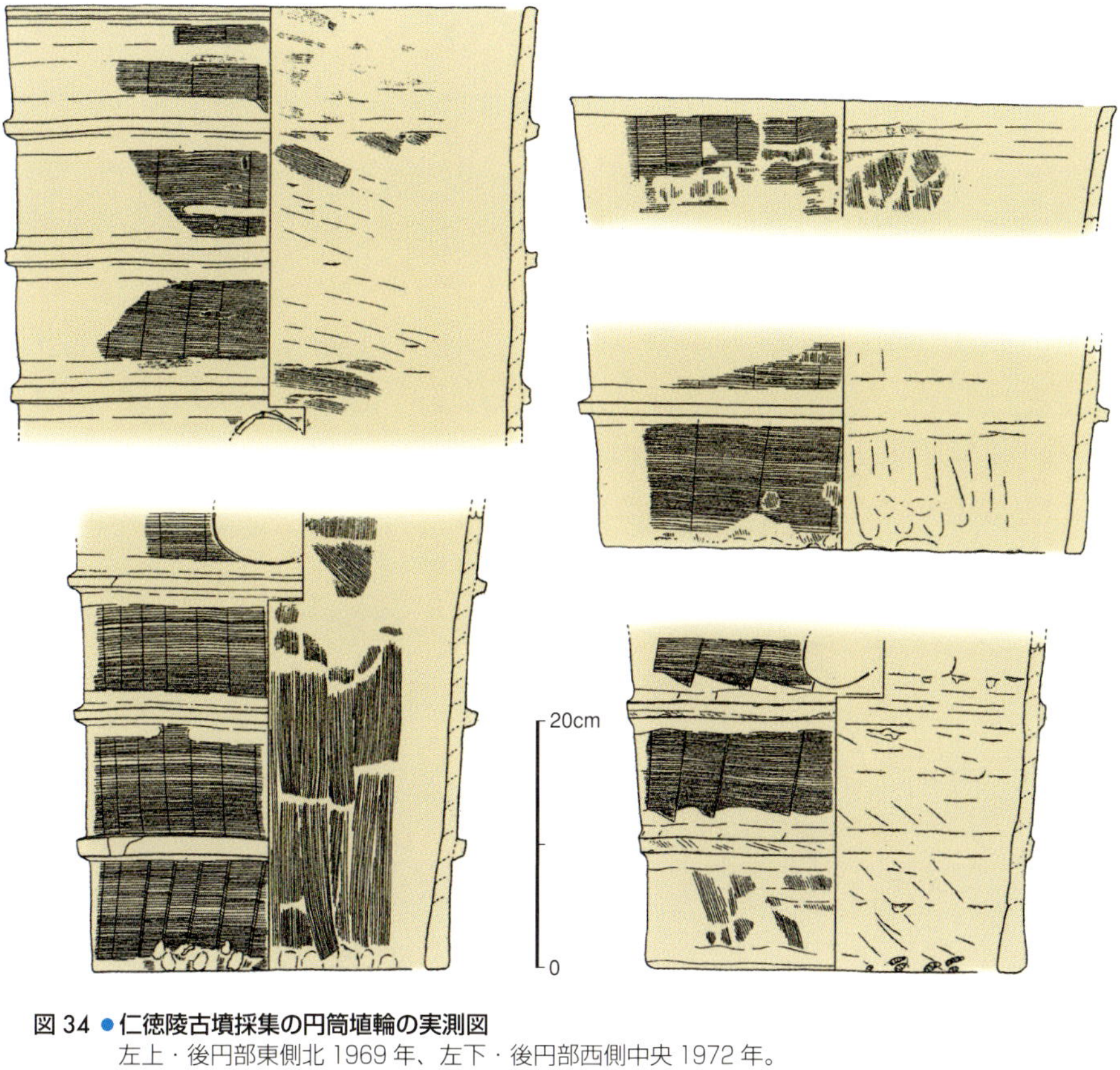

図34 ● 仁徳陵古墳採集の円筒埴輪の実測図
左上・後円部東側北1969年、左下・後円部西側中央1972年。
右上・不明1972年、右中・右下・東側造出し1998年。

のような針葉樹が中心になる。木口の正目にあらわれる年輪による繊維の硬軟が筋目となるのを利用する。球体の器や円筒は表面が丸いので、そこに当たる工具先端の幅は、五〜六センチを大きくこえる必要はない。

二次調整にともなって、ハケだけでなく板目部分を用いた板ナデや指、さらに革などを当てたナデがある。外面調整の場合、ナデ、タテハケ、ヨコハケ、ナデといった順に重ねて、装飾のようにていねいに調整するが、逆に欠落する場合はその順に入念さがなくなり、器面にスムーズさを失う。基本的に、円筒埴輪は装飾豊かな特殊器台形土器に端を発することから、全体としては省略・簡略方向で推移してゆく。

ヨコハケの種類

ヨコハケには、A〜C種の三種がある。

A種ヨコハケ　土師器である布留式甕形土器の肩部、体部中央などを調整するヨコハケと共通する。川西宏幸は施し方が継ぎたしながらヨコに進む断続的なものほど

図35 ●仁徳陵古墳採集の円筒埴輪の細部
外面2次調整Bc種ヨコハケ。ピッチのこまかい静止痕が縦方向に残る。一周のみで仕上げるので、くぼんだ中央は1次調整のタテハケが消し切れていない。

古く、連続的なものほど新しい傾向にあるとした。一回でハケを施すストロークの長さが短いAa種とストロークの長いAb種がある。四世紀の円筒埴輪に多くみられる。

B種ヨコハケ　円筒埴輪は球形の土器にくらべると単純な筒で、そこに平滑な器面をつくるには、ハケ工具先端部の平らなところをできるだけ用いようとする。したがって、ハケの動きは形のうえでは、縦横の動作にかぎられてくる。先にも述べたように、粘土積みが横→タテハケ一次が縦→ヨコハケ二次が横という関係で、交互に二方向が交わって器面をスムースにする。このとき、最終的な仕上げ作業を確実にするため、均質なヨコハケを器面に施すことが大型墳の円筒埴輪を中心とした手順の約束事となった。そこで生じたのがB種ヨコハケである。

その盛行は古墳造墓活動がもっとも大型化し、一基あたりに一万本以上の円筒埴輪がもとめられた応神陵・仁徳陵古墳の埴輪が代表例となる。円筒埴輪製作の簡略・省略方向のなか、とくに発達した生産管理を強く指向して、埴輪生産技術は土器生産とは違った技法を完成させた。それがB種ヨコハケであり、五世紀の円筒埴輪に特徴的にみられるものである。五つの時期があるなかで、川西第Ⅲ・Ⅳ期という二つの時期にあてはめて前後を区分する根拠となった。

C種ヨコハケ　轆轤《ろくろ》を用いたような回転性のある筋目を一気に施すカキメがある。須恵器にみられるような筋目である。須恵器製作の技法と同技法と言わないまでも、それに準じるイメージのものである。須恵器製作に特徴的な技法であるタタキ具痕・当て具痕といったものがセットになれば、C種ヨコハケと判断できる。これは、五世紀中ごろから大阪府の淡輪《たんのわ》や愛知県の尾張《おわり》を中心とする限られた地域に特徴的にあらわれる。

B種ヨコハケ細分の観察メモ（図36）

さて、土器生産から抜け出したB種ヨコハケは五世紀の間にどのような経過をたどるのか。

Ba種ヨコハケ　凸帯間で継続痕、静止痕がつく。ハケ工具の先端が埴輪器面と接する原体幅は五センチをこえるが、ヨコハケが波打つ。Ba種を施すようになった初めのころは、土器のハケメと同じように扇状に施すことから、ランダムにAb種ヨコハケなどで器面を整えた後に、凸帯間の目立つ部分の仕上げとして静止痕をつける作業をすることによって、きれいにヨコハケを刻む。その際、器面からハケ工具をはなさずに一ストロークを長く保とうとする部分が一部であらわれる。

Bb種ヨコハケ　静止痕の出現率が一気にふえる。凸帯間のハケメの充足に対して、静止頻度を増して等間隔におこなうことを原則とする。ただし、最終仕上げを一周で仕上げる約束事はBa種とともに必ずしもともなわないが、Ba種ヨコハケより工具の年輪の粗い部分を積極的に採用するようになる。二〜三センチほどの粘土紐を積んで円筒をつくっていくため、一次タテハケの仕上がりに粘土紐の凹凸面が横方向に波立つ。この問題は二周以上のヨコハケを施すことで、タテハケを消すことができる。そのため凸帯間の平坦面に水平方向の段が生じる。

Bb種ヨコハケは二つに分かれる。Bb―1はハケが多少波打ち、凸帯間を二周のハケできれいに充足しようとする。Bb―2はハケがほとんど波打たなくなる。凸帯間の最終仕上げを一周のヨコハケでおこなおうとするために、凸帯間をハケ充足率三分の二以上の幅広のハケ工具が多用されることになる。これがB種ヨコハケ固有のハケ工具原体の幅に成長する。

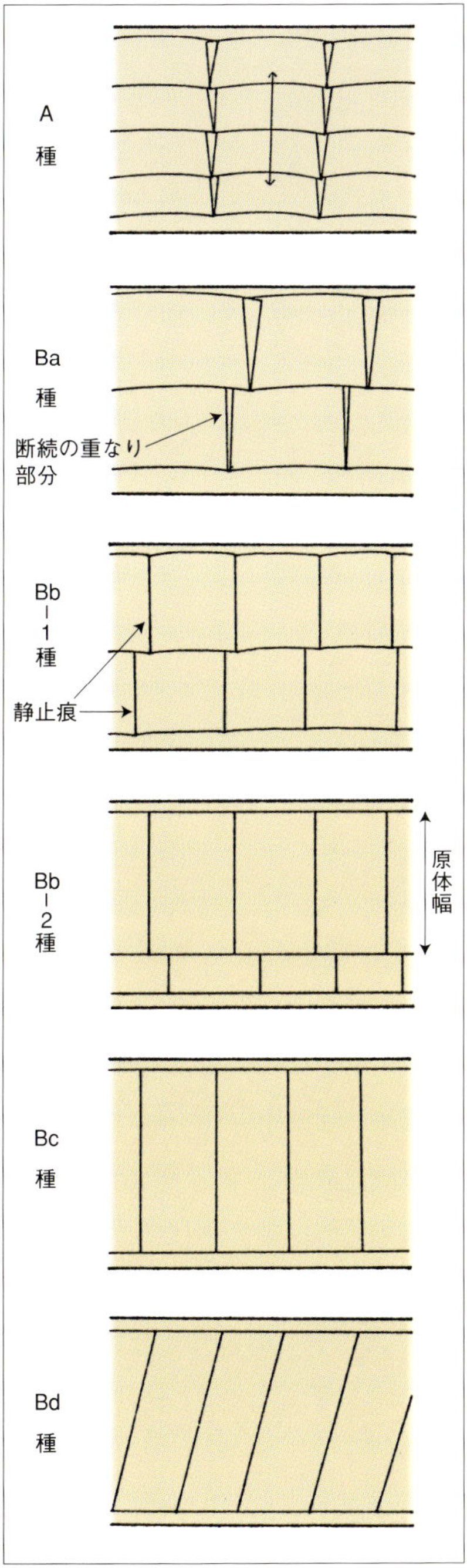

図36 ● 円筒埴輪外面の2次調整凸帯間ヨコハケ充足模式
それぞれの上下の太線が凸帯。その間を原則、下から上へとヨコハケを埋めていく。大まかにはBaからBd種へと推移するが、ふつう前後の複数種が含まれる。

Bc種ヨコハケ　凸帯間を一周でととのえるのが特徴である。そのため、ふつうの土器製作には不要なヨコハケ用のものとして原体幅が八センチと広くなり、独特な専用工具になる。とともに、器面に一面のみのあたりとなるために成形・一次調整が不充分な場合、一周の行為で一次タテハケを消しきれないことが多くなる。ハケ原体の上下、端から端までが、いずれかの方向で年輪ピッチ（ハケの筋目の間隔）が狭から広になるのがふつうであり、ハケが同じように平行した軌道に思えても、ピッチにムラがある場合は一周以上のBb—2種ヨコハケであると疑ってかかるべきである。仁徳陵古墳の埴輪のように、凸帯の上下面に静止による工具側面のあたりが一致する場合は、明らかに一周と見なすことができる（図35）。

Bd種ヨコハケ　同方向に平行して規則的に傾く静止痕が三カ所以上連続する。動作の関係で部分的に垂直に近くなるところもある。ふつう、Bc種ヨコハケでもAb種ヨコハケの一ストロークにあたる長さ分で扇状のブレをつくり、左右に静止痕の軸が振れるが、その傾きが定まらないのでほかと区別できる。傾き角も一五度をこえることは少なく、Bd種ヨコハケの傾きはそれ以上になり、判別の目安となる。凸帯間隔も一一センチから八センチほどにせばまる。

応神陵古墳と仁徳陵古墳の埴輪の影響

このようなB種ヨコハケの推移を使って新旧をくらべると、応神陵古墳の円筒埴輪は、Ba〜Bc種ヨコハケとバラエティーがある。仁徳陵古墳のほうはBc種ヨコハケにしぼられる。

3章で述べたように、応神陵古墳の墳丘モデルは、広域の地域をまとめている集団との結びつきが強い。たとえば大阪府堺市黒姫山、岡山県作山《つくりやま》・造山《つくりやま》古墳、静岡県堂山《どうやま》古墳、群馬県赤堀茶臼山《あかほりちゃうすやま》古墳・太田天神山《おおたてんじんやま》古墳といった古墳がそうであり、埴輪も同じまとまりをもつ。

B種ヨコハケでまとまるグループが主導的になって、墳丘と埴輪がユニットとなっている。

生産の場でよくわかるのは、大阪府茨木市継体陵古墳と高槻市新池埴輪窯跡である。ここでは主にBb種ヨコハケがまず浸透し、Bc種ヨコハケが確立しだす。B種ヨコハケの統一と窖窯焼成技術といった二本柱の技術革新をテコに、大型埴輪生産の管理体制が拡大・波及しはじめる段階でもある。形象埴輪などは、器種の整理と盾の革綴や家の屋根の網代といった事柄が表現方法の約束事として記号化されていく。この生産には石棺のような精巧さはないが、組織だった管理が高められていくのが特徴である。

　仁徳陵古墳の埴輪生産は、汎日本列島的な製作集団ネットワークができ、その技術は各地へきめこまかに届いていることが中規模の古墳の埴輪にあらわれる。日本列島各地では、仁徳陵古墳の築造のころから墳丘規制がはじまり、古墳は帆立貝式や円墳へと小型化するため、いまだにそうした状況はあまり知られていないが、岡山県千足《せんぞく》古墳、埼玉県北袋《きたぶくろ》古墳、福島県天王壇《てんのうだん》古墳・国見八幡《くにみはちまん》塚《づか》古墳・谷地《やじ》古墳群といった古墳の埴輪に同様の技術でつくられた円筒埴輪がみられる（図37）。

　埴輪は応神陵古墳の埴輪より仁徳陵古墳のものが、口径など小さくなるという関係もそうだが、底部径二〇センチ以下・器高四〇センチの小

天王壇古墳
高：57.6 cm　口径：38 cm
底径：33.8 cm

国見八幡塚古墳
高：46 cm　口径：37.7 cm
底径：30.1 cm

谷地古墳群
高：51.3 cm　口径：31.5 cm
底径：31.5 cm

図 37 ● 仁徳陵古墳のころの東北の円筒埴輪
仁徳陵古墳例は径が 35 cm 前後、凸帯端面を押圧、透しが円形、静止痕ピッチのこまかい Bc 種ヨコハケ、窖窯焼成が特徴。上の 3 本はいずれもあてはまる。

形円筒埴輪が出現する。小形埴輪の生産への変化は須恵器の窖窯と窯内部の空間が相似た構造にあるために、効率的に利用しようとしたことで小さくなるのだろう。ヨコハケも体部が成形時に上広がりになってしまった埴輪を中心に省略傾向が強いが、定型化したBc種ヨコハケの波及という約束事は守られ、そのため凸帯間隔は全般に一一センチ以下になる。

こうした応神陵・仁徳陵古墳の埴輪の強い影響と波及といった徹底さは、つぎのBd種ヨコハケが主になる時期にはみられなくなる。

2　須恵器の大甕はステータスシンボル

ステータスシンボルの大甕

須恵器のなかで、大甕の所有量がステータスシンボルであったという石神怡《いしがみゆたか》の須恵器甕の評価がある。

仁徳陵古墳東側造出し上坦面では、須恵器大甕のミニチュアが採集される（図38）。口縁部径三六センチ、高さ六二センチ、体部径六二センチの大きなもので、口縁端部はやや丸くおさめ、すぐ下に凸帯、そして櫛描波状文があり、外面は縦方向の平行タタキ目の後、ナデている。体部外面は平行タタキ、内面は上半分に同心円文がつくが、下半分を中心にナデ消している。徳田誠志《とくだまさし》と清喜裕二によると、この甕は五世紀第２四半期（ＯＮ四六型式）に属する。

仁徳陵古墳よりやや古い奈良市ウワナベ古墳の造出し上では、魚・棒状の土製品とともに、

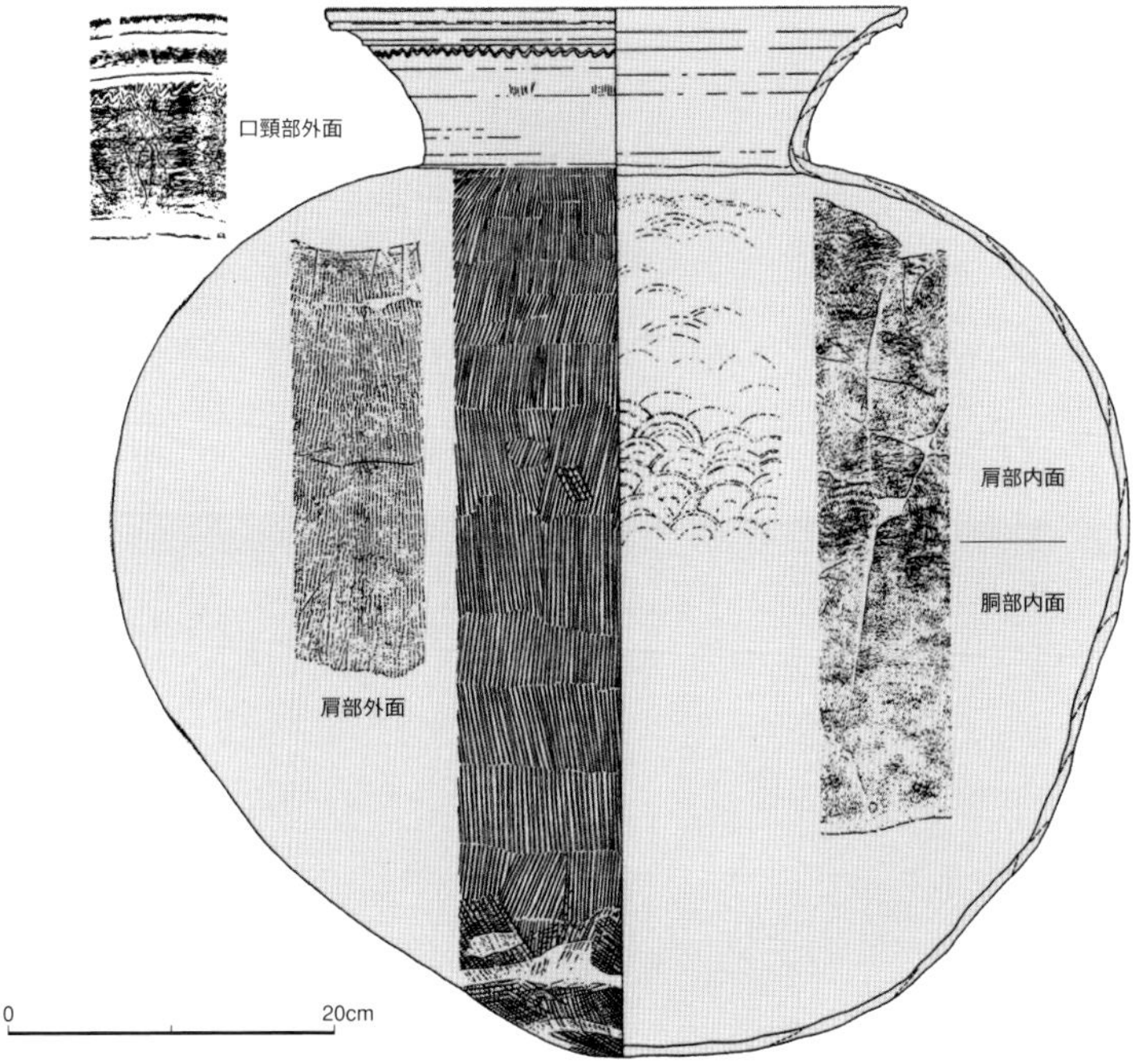

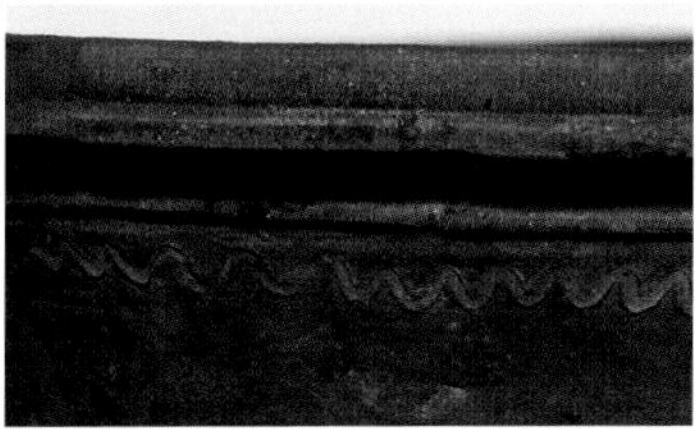
波状文詳細

図 38 ● 仁徳陵古墳東側造出し採集の須恵器大甕のミニチュア
須恵器生産の出発点である貯水できる実用容器、その特性をもっとも発揮できたものが大甕。当時、あまり見ることができない貯蔵の象徴が、おしげもなく墳丘に並べられた。

同じくミニチュア化した杯・高杯・壺・高杯形器台の須恵器状供献土器が採集されている。

五世紀前半は一般階層も巻き込んで、生活様式が変わりつつあった。窖窯で焼いた土器そのものは弥生時代の終わりころには朝鮮半島からもたらされている。住居に据え付けたカマドもあったが少数派である。ところが両者は、その後半には汎日本的に使用されるようになった。とくに、前者は須恵器として画一化した形のものが各地でつくられはじめた。これは五世紀を通して小地域単位で特色のある形をもつ朝鮮半島南部の状況とは対照的である。百舌鳥古墳群周囲では、五世紀第2四半期には集落での利用率が高くなっている（図39）。

須恵器

土師器

図39 ● 仁徳陵古墳南側の古墳造営キャンプ（大仙中町遺跡）**出土土器**
5世紀第2四半期からの遺跡で、自然河川にそって竪穴住居が検出される。滑石製の双孔円板や臼玉といった祭祀遺物や他地域系の土師器なども出土する。

古墳に副葬される須恵器

日本列島では四世紀末ごろから渡来の人びとの手によって拠点的に須恵器が焼かれ、それに在地の人びとも加わり、一定のオリジナルな形の杯・高杯・壺・甕などのセットが確立される。そして、大阪府堺市・和泉市・大阪狭山市にある陶邑《すえむら》窯跡群を核に生産規模をのばしはじめた（図45参照）。仁徳陵古墳の造出しから採集される須恵器大甕はこのころのものである。

初期の須恵器が古墳に入りこんでいく過程を五世紀第2四半期を中心に三段階に分けることができる（図40）。

第Ⅰ段階　大阪市長原古墳群といった小形方墳に多く副葬されるが、数は少ない。むしろ、朝鮮半島の瓦質・陶質土器に類するものが多い。渡来の人びとの持ち物が多かったのだろう。初期の長原四五号墳は杯・高杯・壺・器台・甕・𤭯《はぞう》と一定のセットがそろう。この段階の須恵器の特徴としては、杯体部の成形の基礎となる粘土円板にまきあげていく単位が平坦で口縁部にむかって極端に垂直に立ち上がることがある。須恵器型式のTK七三型式に相当する。

第Ⅱ段階　小型墳に多く副葬される。杯は前段階にくらべて底部円板の仕上げとケズリの方法の変化で、蓋の天井と身の底部は器壁が均質になる。須恵器型式ON二一六型式に相当する。

第Ⅲ段階　奈良市ウワナベ古墳の大型墳や大阪府藤井寺市野中《のなか》古墳のような中型墳にもみられ、出土量も多くなる。杯には土鍋状のものもあるが、体部下半が丸みをもち、ほとんど平底状のものをもたないといった変化がある。ON二一六・四六型式をへてTK二〇八型式までを含む。この時期までは、頻繁に渡来の物と新しく渡来したものがまじる。

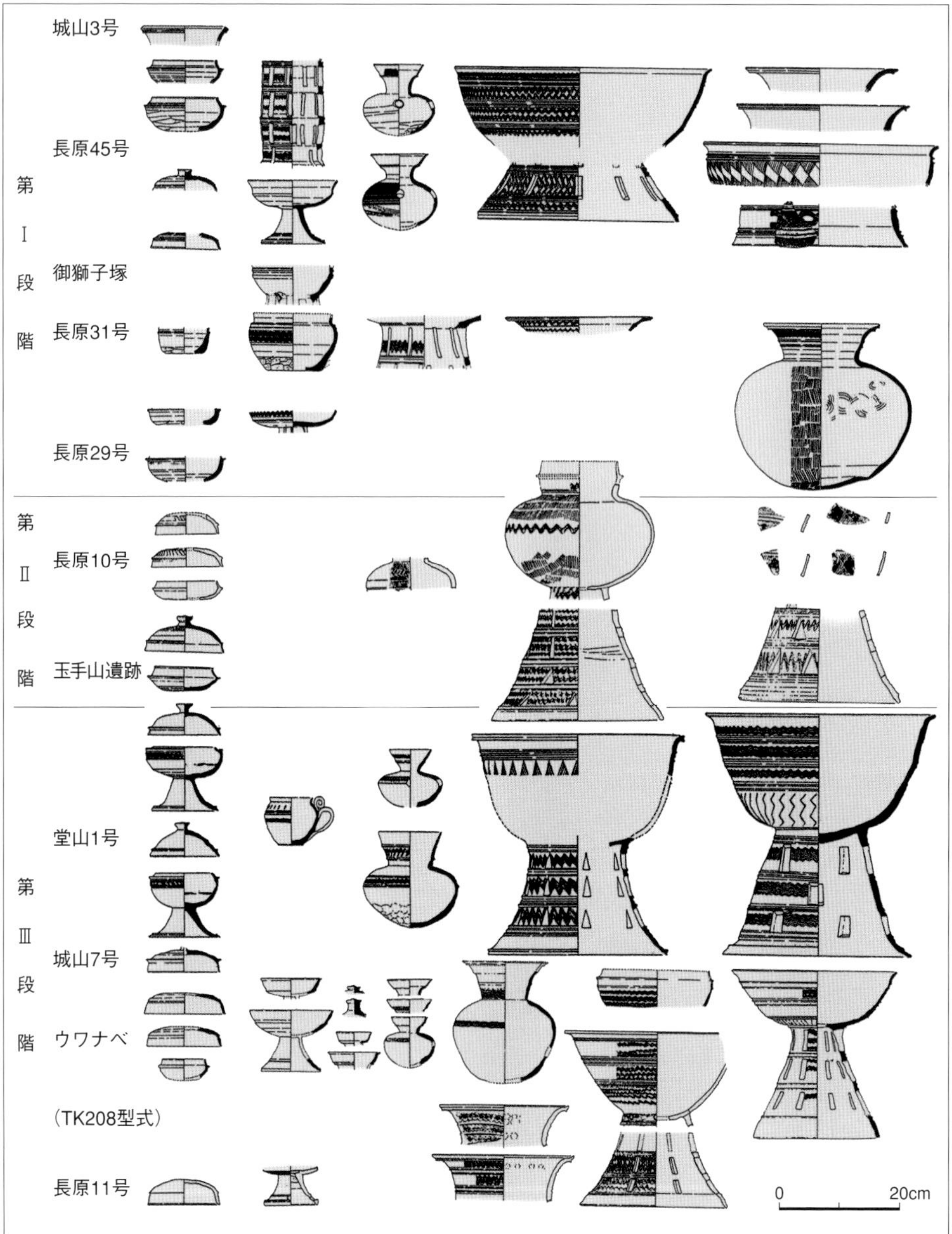

図 40 ● 埴輪による段階別の古墳出土須恵器の様相
初期の古墳ほど、その希少性から朝鮮半島の古い陶質土器や新旧の須恵器がまざる。
図の下の 5 世紀中ごろ、須恵器が普及・一般化して古いものを含まなくなる。

仁徳陵古墳の大甕

この三段階は、必ずしもつくられてすぐの須恵器を副葬していない。これら古墳での甕の出土は少なく、古いＴＫ七三型式のものはとくにない。しかし、石神怡の評価の高い初期の大甕は、窯での出土はすこぶる目立つ。問題となる仁徳陵古墳の甕は、当時のステータスシンボルのなかでもあえて大きなもののかたちを選び、大量にその造出しにささげた。これがつくられたころ（ＯＮ四六型式）は、さぞかし貴重品であったのだろう。それは杯の大量生産の規格化、大形器台の生産などが明確に志向され、完成しつつある段階でもあった（図41）。墳墓に投下させる労働力をもっとも集中させた仁徳陵古墳は、ＴＫ二一六型式とＴＫ二〇八型式の間に入るＯＮ四六型式ころに築造されている。須恵器生産のきめこまかな約束事が出そろう定型化の直前に位置していたのである。

そのつくりに約束事が多い定型化した五世紀中ごろのＴＫ二〇八型式は、須恵器の形態と組成を質量ともに日本列島の広範囲にいきわたらせた。その安定した段階は、仁徳陵古墳のすぐ後のニサンザイ古墳築造のころであった。

図41 ● ON（大野池）46号窯出土の須恵器
陶邑で焼く土器は渡来系、在来、日本列島各地の人びとの癖がなく、一定の「かたち」と意思をもち、写真のような器種を生み出していく。仁徳陵古墳完成のころのものである。

第5章　古墳時代のネットワーク

1　百舌鳥古墳群とその周囲の古墳群

倭の五王の時代の古墳群

百舌鳥古墳群は大形の前方後円墳を中心として、大阪府藤井寺・羽曳野市にある古市古墳群とともに日本の二大古墳群である。大王墓級の古墳は、その墓域を四世紀代に奈良県の大和盆地から大阪の河内・和泉に変え、墳丘規模は五世紀代にピークを迎える。それは、まさに『宋書』に記載される倭の五王の時期であった。日本の墳丘のなかでも、その規模第一位をほこる仁徳陵古墳をはじめ、三六〇メートルの履中陵古墳が第三位に、二九〇メートルのニサンザイ古墳が第八位にランクされる。これらは台地上にあるが（図42）、それに先行して低地に墳丘長一五五メートルの乳岡《ちのおか》古墳が築かれ、その周囲にもわずかながら墳丘長一一〇メートルの長山《ながやま》古墳のような海岸線の四世紀代の古墳がある（図43）。

仁徳陵古墳・履中陵古墳が大阪湾沿いの台地端の南北に並ぶのに対して、後出するニサンザイ古墳は大きく内陸側に築造される。六世紀中ごろの埴輪を出す平井塚古墳はこれに隣接して、群内で確認できる前方後円墳の最後となる（図44）。

調査された古墳

百舌鳥古墳群の古墳は一二〇基をこえて築造されただろうが、現在は四六基が残るだけになった。墳丘長一六八メートルの百舌鳥大塚山古墳墳丘部の破壊をはじめ、半数以上は第二次大戦後すぐの開発で犠牲になった。

百舌鳥大塚山古墳　戦後の破壊がつづくなかで一九五〇年に後円部四基、前方部四基の粘土槨が確認された。三角板革綴襟付き短甲のほか、鏡、刀剣、玉類、農工具などが出土する。一九八五年には、わずかに残った墳丘と下部の周濠部が調査された。

七観古墳　一九一三・四七・五二年とたびたび調査された。履中陵古墳に北接する径五〇メートルの円墳である。粘土槨が三基、コの字形になってかさなり、甲冑、刀剣、農工具、馬具などが出土。とくに初期の馬装や短甲にとりつく金銅製帯金具

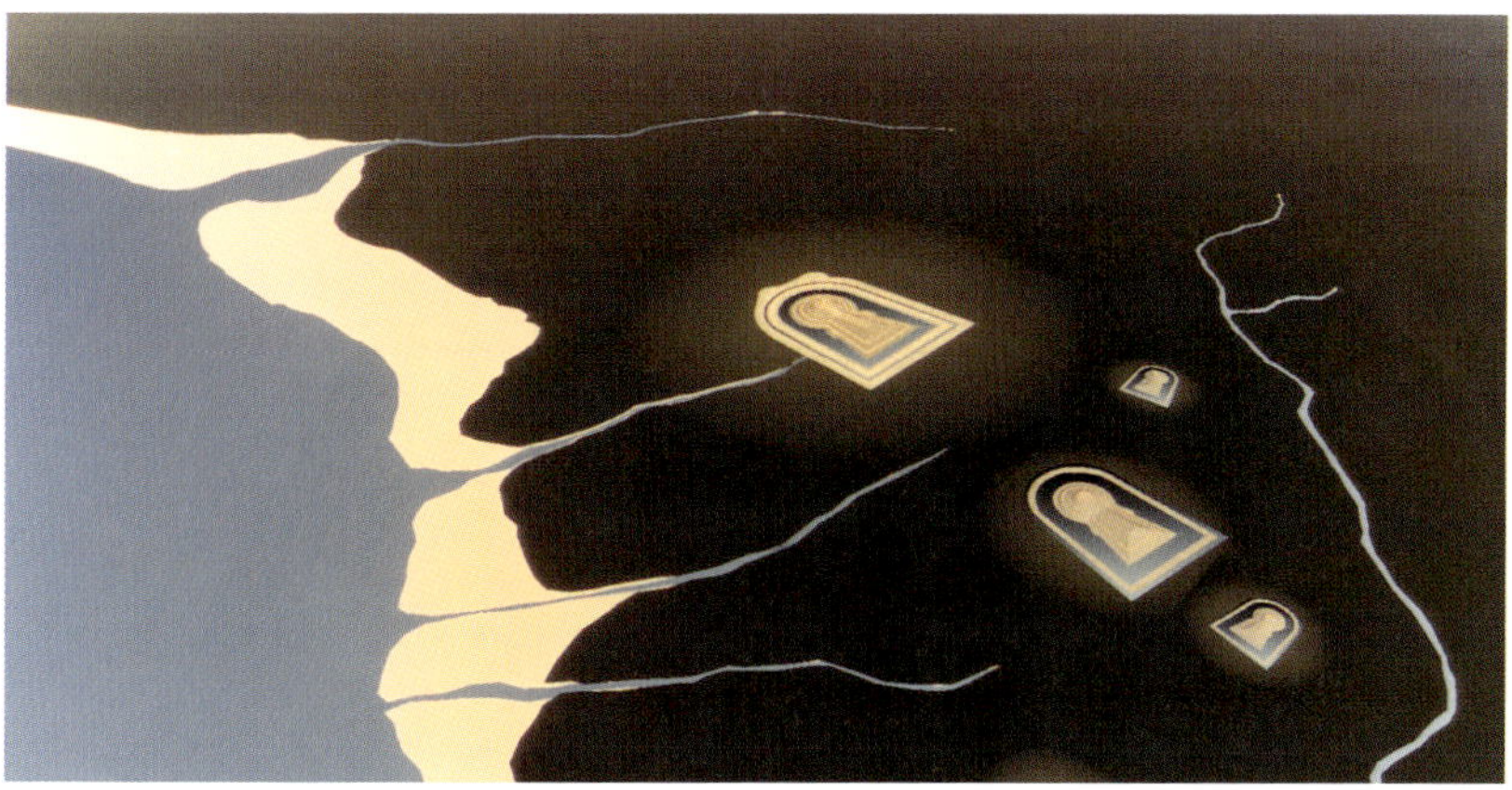

図42 ● 仁徳陵古墳築造ころの百舌鳥古墳群
大阪湾沿いに南北にならぶ古墳。この連なった姿は白く輝いて、明石海峡、紀伊水道をぬけて大阪湾に入れば、否が応でも目に入ってきたことであろう。（ＣＧ製作は大阪大学工学部笹田研究室）

が注目される（図18参照）。

カトンボ山古墳　墳丘長一八六メートルの御廟山古墳に東接する径五〇メートルの円墳である。一九四九年、粘土槨に鏡、鉄製品、たくさんの滑石製の玉類・模造品が出土した。代表的なものに、子持勾玉五・勾玉七二九・臼玉二万のほか、双孔円板、剣・斧・鎌・刀子形石製品などがある。

乳岡古墳　一九七二年、粘土でおおわれた和泉砂岩製の長持形石棺とその粘土のなかから鍬形石三・車輪石一八などの石製腕飾類が出土した。

これら調査された古墳のなかで、塚廻古墳（21ページ参

図 43 ● 仁徳陵古墳築造時と百舌鳥古墳群
大型墳は大阪湾沿いに南北に、中型墳は石津川・百済川・百舌鳥川に沿った東西に、仁徳陵古墳築造時点で、ひとまず当初の古墳配置は終了していたように思える。

照）や乳岡古墳は国史跡なったものの、後の三基は土砂採取の犠牲になった。

渡来系の人びとの首長墓

広瀬和雄は、百舌鳥古墳群をのぞく和泉北部の古墳群系譜を四つに分けた（図45）。

そのうち、百舌鳥古墳群にもっとも接近する浜寺四ツ塚を構成する三基の古墳（塔塚古墳、赤山古墳、経塚古墳）は、外来系の人びとの三代にわたる首長墓ではないかとした。百舌鳥古墳群を造営したころの畿内政権を構成する大王家か、それに近い位置を占める有力氏族によってこの地

図 44 ● 百舌鳥古墳群の古墳重層分布

履中陵・仁徳陵・ニサンザイ古墳が広域型、その周囲に広域型陪冢。百済川に沿って乳岡・百舌鳥大塚山・イタスケ・御廟山・平井塚古墳などが地域型、周囲に地域型陪冢。周囲で小群をなす御廟表塚古墳などが地区型として古墳群を形成する構造をもつ。

に定着させられた外来系の人びとがいたのだろう。また、南側に離れる摩湯山《まゆやま》古墳と久米田貝《くめだかい》吹山《ぶきやま》古墳を造営した人びとは、この地域にかなりの支配権をもっており、在地の政治権力をバックに大和の畿内政権と一定の政治関係を保っていた。さて、両者にはさまれ陶邑窯跡群に近い和泉黄金塚古墳をはじめとする取石地区と信太貝吹山古墳のある信太地区に古墳群をつくった人びとは、一つの系譜をもって相互に古墳を造営していることから、古墳造営ということを通して二つの地域が一つの政治共同体として畿内政権とかかわりをもったとした。

縮小する古墳

こうした地域の首長墳で、いちはやく畿内政権と政治的関係に入ったのは、景初三年（二三九）の紀年銘をもつ鏡が出土したことで注目された和泉市黄金塚《こがねづか》古墳である。四世紀末、丘陵端頂部を利用してつくられた。乳岡古墳には劣るものの、墳丘長八五メートルの前方後円墳である。この黄金塚古墳や丸笠山《まるかさやま》古墳、岸和田市にある墳丘長二〇〇メートルの摩湯山、一三二メートルの久米田貝吹山といった古墳のすぐ後には、和泉市信太貝吹山《しのだかいぶきやま》古墳や岸和田市風吹山《かぜふきやま》古墳が履中陵古墳築造にやや先行した時期に帆立貝式古墳になり、一気に縮小することになる。

信太山北部の古墳の変化は以下のようになる。

和泉黄金塚古墳（前方後円墳八五メートル）→信太貝吹山古墳（帆立貝式六二メートル）→大園《おおその》古墳（帆立貝式五二メートル）→カニヤ塚古墳（円墳五〇メートル以上）→富木車塚《とのきくるまづか》古墳（前方後円墳四六メートル）。

◀図45 ●百舌鳥古墳群と陶邑周辺の古墳
大規模な古墳は地域の一定の土地をうばう。少なくとも、つくった当時の人びとには再利用はできない。そこを「百舌鳥」と「陶邑」は占有することを許された。

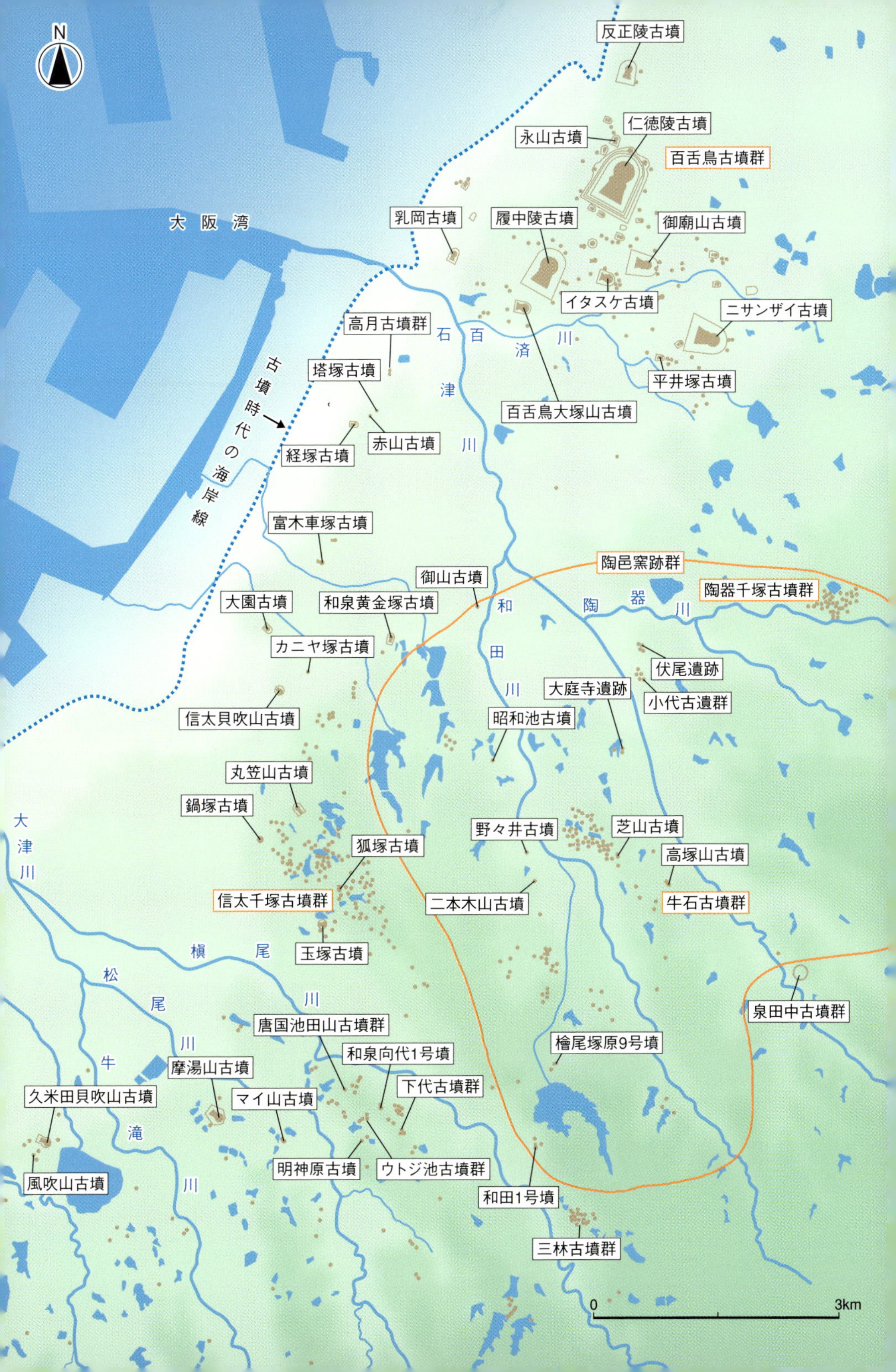

N
反正陵古墳
永山古墳
仁徳陵古墳
百舌鳥古墳群
大阪湾
乳岡古墳
履中陵古墳
御廟山古墳
イタスケ古墳
ニサンザイ古墳
高月古墳群
石津川
百済川
塔塚古墳
平井塚古墳
百舌鳥大塚山古墳
古墳時代の海岸線
経塚古墳
赤山古墳
富木車塚古墳
陶邑窯跡群
御山古墳
陶器千塚古墳群
大園古墳
和泉黄金塚古墳
和田川
陶器川
カニヤ塚古墳
伏尾遺跡
大庭寺遺跡
小代古遺群
信太貝吹山古墳
昭和池古墳
丸笠山古墳
鍋塚古墳
野々井古墳
芝山古墳
狐塚古墳
高塚山古墳
大津川
信太千塚古墳群
二本木山古墳
牛石古墳群
玉塚古墳
槇尾川
松尾川
泉田中古墳群
唐国池田山古墳群
檜尾塚原9号墳
和泉向代1号墳
牛滝川
摩湯山古墳
下代古墳群
久米田貝吹山古墳
マイ山古墳
明神原古墳
ウトジ池古墳群
風吹山古墳
和田1号墳
三林古墳群
0
3km

信太山西麓・信太千塚古墳群では、丸笠山・信太千塚六一号墳（前方後円墳九六メートル）→鍋塚・信太千塚六六号墳（帆立貝式六〇メートル以上）→玉塚《おうづか》・信太千塚六二号墳（帆立貝式四六メートル）→信太狐塚《きつねづか》・信太千塚四三号墳（前方後円墳五六メートル）である。このうち、それぞれ最後に築造されたのは、前方後円墳の富木車塚・信太狐塚古墳で、六世紀代のものである。

和泉北部のこうした状況は、百舌鳥古墳群の古墳築造がもっとも活発な五世紀に、すでに前方後円墳から帆立貝式や円墳へと墳丘が規制されつづけたことを示す。これらの古墳に葬られた各集団の首長は、仁徳陵古墳築造にも深く関与した証《あかし》になる。

2　仁徳陵古墳とその後の支配方式の転換

須恵器がつくられた地域の古墳

一方、五世紀に突然出現し、須恵器を焼きはじめる陶邑窯跡群の地域の古墳動向はどのようなものであっただろうか。

須恵器が焼かれる以前には、径一三メートルの円墳の二本木山《にほんぎやま》古墳がある。四世紀に流行した割竹形木棺を和泉砂岩で模した長さ二・五一メートルの石棺がそのまま埋められていた。内部には朱が塗られる。

須恵器が普及しはじめた五世紀前半には野々井《ののい》古墳などの埴輪をまわした墳丘がつくられる。

百舌鳥古墳群の古墳築造がおおむね終わる六世紀中ごろには、墳丘長一七メートルの前方後円墳である檜尾塚原《ひのおつかはら》九号墳が築かれる。中心埋葬の第一主体は、直接棺を埋める木棺直葬で、なかに須恵器がおかれる。そのころに爆発的につくられるようになった横穴式石室の影響を受けて第三主体は横穴式木芯粘土室が採用されている。これは横穴式石室と同じ形ではあるものの、石材を用いないもので、カマド塚や窯槨《ようかく》墳ともよばれる特異な形式のものである。一方、横穴式石室も六世紀末の径一四メートルの円墳である檜尾塚原三号墳にみられる。

こうした古墳がつくられなくなった後も、陶邑では須恵器が焼かれつづけたこともあり、七世紀後半の二・五×一・五メートルの長方形の敷石墓である原山一号古墳や、八世紀の〇・八五×〇・四五メートルの楕円形土坑に二個の蔵骨器を埋納する原山二号古墳も残る。

窯業生産のネットワーク

五世紀はじめに和泉北部に突如としてあらわれた百舌鳥古墳群と陶邑窯跡群は、大きな墳墓と大きな邑をもたらしたといえよう。

大規模な前方後円墳は、そのはじめから埴輪を墳丘に用いた。埴輪は早くから葺石とともに墳丘づくりの装備として位置づけられた。その後、各種の埴輪が追加され、本格的な大量生産体制へと移行した。なかでも、それを飛躍的に強化することになったのは、大阪府和泉北部に展開した窖窯焼成をともなった造墓システムにあったと考える。

窖窯で焼成される埴輪がみられるのは、その初期には百舌鳥と古市、佐紀盾列《さきたたなみ》などの主要古墳群と岡山県作山・造山古墳といった地域にすぎなかった。しかし、早くも仁徳陵古墳の築造段階には、日本列島に窖窯焼成の埴輪がふえ、先にみたB種ヨコハケ外面調整の製作技術の画一化が達成される。

その一連のヨコハケ作業の約束事を口や文字、完成品のみでもって伝えることは至難の業であったはずだ。Bc種ヨコハケのハケ工具幅やその止め方までの一致など、一つの古墳の埴輪を製作する共同作業を通してはじめて伝達されるという組織体制づくりが整ってはじめて、東北南部にも同種の埴輪がつくられたとみるべきである（図37参照）。さらに、福島、山形、宮城の各県から出土する同時期の須恵器も陶邑のものとこまかいところまで似ている。

五世紀前半は、手工業生産の一大画期であった。埴輪が窖窯で焼かれるようになったことと須恵器の普及というものは、けっして無関係ではない。日本列島北部でも仙台市大蓮寺《だいれんじ》窯跡の須恵器をはじめとして、その初期からおなじように整った形をもつ須恵器が各地でつくられるようになった。その原動力の一つは、百舌鳥古墳群から石津川《いしづがわ》沿いに内陸に入った古墳時代最大の窯業生産地である「陶邑」（図45）で須恵器窯を築いたことにあった。弥生土器の流れをくむ土師器に対して、それは大きな飛躍をもたらした。

須恵器は渡来系工人によって焼きはじめられ、それに在地工人も加わることによって、朝鮮半島技術者の直接的な関与と陶邑生産体制の拡充というシステムづくりが推し進められた。そうすることではじめて、須恵器生産の普及は達成され、拡大していった。

整備されたネットワーク

陶邑のような大規模な生産地の展開を実現させることができたのは、「百舌鳥」という地で古墳を築造したことで得た各地とのネットワークをより整備したからにほかならない。すなわち、百舌鳥古墳群のすぐ南の石津川をさかのぼったところから焼成のための燃料を調達し、渡来工人に由来する須恵器の大量生産技術を大幅に移入して、他地域より先んじて埴輪や須恵器の生産を大規模におこなったとみられる。その生産規模をテコに連鎖的に範囲を拡大して古墳時代最大の陶邑という窯業産地を躍進させ、成長させることになった。

そうしたシステムを先導したのは、いかなる人物であっただろうか。陶邑の初期成長段階にあたる五世紀前半（ＴＫ七三〜ＯＮ四六型式）に履中・仁徳陵古墳の築造がまさに重なる。この二つの大古墳を造営し、そこに葬られた人を頂点とする集団によって、日本列島規模のネットワークがこの和泉北部の地を中心につくられたとみることができよう。そして、須恵器が全国的に普及する段階である五世紀中ごろ（ＴＫ二〇八型式）のニサンザイ古墳築造のころに、陶邑は須恵器の一大生産地として不動の地位を築いた。日本列島の多くの人びとを巻きこんだ大量生産と物流の物質支配システムは、ここにひとまず完成したといえよう。

手工業生産の発展

四世紀末、畿内政権は優勢を誇った大和盆地や河内平野を基盤とした農業生産をにぎる旧来支配勢力が没落し、河内・大和を中核に拡大した勢力が直接的に実権を手にする。その要因のひとつは、窯業生産と甲冑、馬具、鍍金を含めた手工業生産を大きく発展させたことにある。古市・百舌鳥・佐紀・馬見古墳群といった大規模な古墳の築造をコントロールしたように、そうした手工業生産をそれまで農業を基盤とした地域の周縁の丘陵部で集権的に再編成していった。そして、朝鮮半島南部との交流によって技術を導入し、生産力を高め、それを一手に握ることで各地域を掌握し、展開して、広い範囲で総合的な物資生産性を高めていった。

五世紀はじめに再編した畿内政権は、もともと農業色の濃い、独自性の強い前方後円墳に新たな化学色の濃い手工業生産の要素を盛りこんだ概念を加えることで、目に見える物質加工の二次生産形態へと再統合し、日本列島内での乗馬・須恵器の定着、甲冑の定型化への道を開く。それらが一定の完成をみたのが仁徳陵古墳のころである。それは、巨大倉庫群・大阪市法円坂遺跡を中心とした半径一六キロをこえる範囲の空間支配方式をとった段階でもあった。

しかし、それがために逆に次の段階への変容を余儀なくせまられることになったのである。

そして支配方式の転換へ

ニサンザイ古墳築造のころに築かれた千葉県市原市稲荷台《いなりだい》一号墳の出土鉄剣には、「王賜」など一二文字の銀象嵌銘文が刻まれていた。被葬者が剣を生前にたずさえていたとすれば、五世紀前半に「王」と名のる人物が存在し、東国の首長との関係がうかがわれる。また、文字が実際に使用され、中国宋と文字による交渉をもった「王」の実像もみえてくる。

埼玉県行田市埼玉《さきたま》稲荷山《いなりやま》古墳出土の金象嵌《きんぞうがん》鉄剣がある。そして、熊本県菊水町江田船山《えたふなやま》古墳出土銀象嵌銘鉄刀には、「治天下獲□□□鹵大王世奉事典曹人名无利弖八月中用大鉄釜并四尺廷刀八十練□十振三寸上好□刀服此刀者長寿子孫洋々得□恩□不失其所統作刀者名伊太□書者張安也」とある。かつて、冒頭のところは反正天皇にあてる説が有力であった。しかし、埼玉稲荷山古墳の鉄剣辛亥（四七一）年銘文の検出により「獲加多支鹵大王」、ワカタケル大王＝雄略天皇であると考えられるようになった。これにより『宋書』にくわしく記述される倭王武と年代的な整合性をもつ雄略朝の存在が裏づけられた。このことは、武の上表文にみられるように、文字による本格的な交渉の時代に突入した。少なくとも、四七〇年ころまでには、上層部において文字使用が安定しはじめていたことを示す。

四世紀末からはじまった中国大陸、朝鮮半島の文化の吸収は、独自の画一性に向かった日本列島という強固なまとまりと、五世紀前半に直接入ってきた文化を強く意識して大陸化に向かうというまとまりの二つの局面があった。それは日常の須恵器など一般的な生活様式にまでも影響を与え、日本列島の支配システムを変化させ、階層を細分化させることにもなった。

仁徳陵古墳という最大の墳丘を現実のものにした統制力。それは、以降の古墳築造に際して他者に量的な拡大を追随させない絶対的な量でもってその力を強く表現したことにほかならない。つまり、この段階において列島内の統一状況が強固となり、古墳の大きさで自己を誇示する支配体系は、仁徳陵古墳をもって終わる。古墳の規模を縮小させても、大王墓は他者と隔絶した位置をようやく手に入れた。

こうして大規模な前方後円墳づくりに奔走した時代は、翳《かげ》りをみせていった。

参考文献

東　　潮　1986「鉄鋌の基礎的研究」『橿原考古学研究所紀要考古学論攷』第12冊　奈良県立橿原考古学研究所
石神　怡　1984『府道松原泉大津線関係遺跡発掘調査報告書』Ⅰ（財）大阪文化財センター
和泉丘陵内遺跡調査会　1992『和泉丘陵の古墳』和泉丘陵内遺跡発掘調査報告書Ⅲ
一瀬和夫　1992「古墳出土の埴輪と須恵器」『小阪遺跡』近畿自動車道松原泉大津線建設に伴う発掘調査（財）大阪文化財センター
一瀬和夫　2000「応神陵古墳外堤の埴輪」『埴輪論叢』弟2号　埴輪検討会
一瀬和夫　2005『大王墓と前方後円墳』吉川弘文館
ウィリアム・ゴーランド　1981『日本古墳文化論―ゴーランド考古論集』（上田宏範訳）創元社
上田宏範　1969『前方後円墳』学生社
大阪府立近つ飛鳥博物館　1996『仁徳陵古墳―築造の時代』大阪府立近つ飛鳥博物館図録
小野山　節　1992『日本馬具大観』第1巻古代上　日本中央競馬会
小野山　節　1970「5世紀における古墳の規制」『考古学研究』第16巻第3号　考古学研究会
加藤一郎　2008「大山古墳の円筒埴輪―窖窯焼成導入以後における百舌鳥古墳群の円筒埴輪」『近畿地方における大型古墳群の基礎的研究』白石太一郎編
かみつけの里博物館　1999『よみがえる5世紀の世界』常設展示解説書
かみつけの里博物館　2000『はにわ群像を読み解く』保渡田八幡塚古墳の人物・動物埴輪復元プロセス
川西宏幸　1978「円筒埴輪総論」『考古学雑誌』第64巻第2号　日本考古学会
川村和子　1997「古市古墳群の埴輪生産体制―墓山古墳周辺の方墳出土円筒埴輪の検討から―」『西墓山古墳』古市古墳群の調査研究報告Ⅲ　藤井寺市教育委員会
喜田貞吉　1914「古墳墓年代の研究（中）」『歴史地理』第24巻第5号
京都大学総合博物館　1997『王者の武装』
宮内庁書陵部　1994『埴輪』Ⅱ　出土品展示目録
洪　晴玉　1959「関于冬寿墓的発見和研究」『考古』1959年6期
小林謙一　1974「甲冑製作技術の変遷と工人の系統」『考古学研究』第20巻第4号、第21巻第2号　考古学研究会
白石太一郎　1969「記・紀および延喜式にみられる陵墓の記載について―古墳の年代基準としての陵墓関係伝承の再検討―」『古代学』第16巻第1号
末永雅雄・森浩一　1953『河内黒姫山古墳の研究』大阪府文化財調査報告Ⅰ　大阪府教育委員会
末永雅雄　1975『古墳の航空大観』学生社
末永雅雄　2004『末永雅雄が語る大和発掘ものがたり』社団法人橿原考古学協会調査研究成果第7冊
田辺昭三　1981『須恵器大成』角川書店
銅鐸博物館　1998『銅から鉄へ―古墳時代の製鉄と鉄器生産―』野洲町立歴史民俗資料館
徳田誠志・清喜裕二　2001「仁徳天皇　百舌鳥耳原中陵の墳丘外形調査及び出土品」『書陵部紀要』第52号　宮内庁書陵部　陵墓調査室
中井正弘・奥田豊　1976「伝仁徳陵古墳後円部の埋葬施設について」『考古学雑誌』第62巻第2号
中井正弘　1992『仁徳陵―この巨大な謎』創元社
西田弘・鈴木博司　1961「栗東町安養寺古墳群発掘調査報告」『滋賀県史跡調査報告』第12冊　滋賀県教育委員会
広瀬和雄　1975「和泉北部における古墳群の動向―地域における政治関係についての基礎的考察―」『大園遺跡発掘調査概要』Ⅱ　大阪府教育委員会
平林悦治　1939「伝仁徳陵に埋まる金色の甲冑」『考古学』10－7
堀田啓一　1985「鉄製短甲の形式学的研究」『末永先生米壽記念献呈論文集』末永先生米寿記念会
堀田啓一　2001『日本古代の陵墓』吉川弘文館
町田　章　1970「古代帯金具考」『考古学雑誌』第56巻第1号　日本考古学会
森　浩一編　1970『シンポジウム古墳時代の考古学』学生社
森　浩一　1976『古墳と古墳文化99の謎』サンポウ・ブックス102
森　浩一他　1977『新沢千塚126号墳』奈良県立橿原考古学研究所編・奈良県教育委員会
森　浩一　1978「古市・百舌鳥古墳群と古墳中期の文化」『大阪府史』第1巻　古代編Ⅰ　大阪府
森田克行他　1993『新池』新池埴輪製作遺跡発掘調査報告書　高槻市文化財調査報告書第17冊 高槻市教育委員会

写真所蔵・提供

図1：堺市、図2：後藤和雄・明治大学博物館（原板は大英博物館所蔵）、図4：堺市立中央図書館、図6：八王子市郷土資料館、図8上・22・26・27・29・42：大阪府立近つ飛鳥博物館、図9：大阪府立近つ飛鳥博物館（篠山市立中央図書館所蔵）、図10：堺市博物館（筒井貞所蔵）、図15・16・23・24・30・31・33・35・38：宮内庁書陵部（堺市博物館撮影：図15変形四獣鏡・変形五獣鏡、図16、図33円筒埴輪。大阪府立近つ飛鳥博物館撮影：図30人物形埴輪脚部・水鳥形埴輪、図31馬形埴輪鞍、図33円筒埴輪口縁部。小学館撮影：図35）、図18：京都大学総合博物館、図21：奈良県立橿原考古学研究所、図32：かみつけの里博物館、図37: 本宮市教育委員会（天王壇古墳出土円筒埴輪）・国見町教育委員会（国見八幡塚古墳出土円筒埴輪）・大玉村教育委員会（谷地古墳群出土円筒埴輪）、図39：大阪府立近つ飛鳥博物館（堺市教育委員会保管）、図41：大阪府立近つ飛鳥博物館（龍谷大学付属平安高等学校保管）
図11～14：ボストン美術館　Museum of Fine Arts, Boston.

fig. 11 *Mirror*
Japanese, Tumuli period, 5th century
Bronze
23.5 cm
Museum of Fine Arts, Boston
Museum purchase with funds donated by contribution, 08.160

fig. 12 *Sword Handle and Pommel*
Japanese, Tumuli period, 5th century
Bronze and silver partially gilt
1.5 x 23 cm (9/16 x 9 1/16in.)
Museum of Fine Arts, Boston
Museum purchase with funds donated by contribution, 08.161

fig. 13 *Ring with Three Bells*
Japanese, Tumuli period, 5th century
Bronze
13 cm (5 1/8in.)
Museum of Fine Arts, Boston
Museum purchase with funds donated by contribution, 08.157

fig. 14 left *Horse Bell*
Japanese, Tumuli period, 5th century
Bronze
16.3 x 10 cm (6 7/16 x 3 15/16in.)
Museum of Fine Arts, Boston
Museum purchase with funds donated by contribution, 08.158

fig. 14 right *Horse Bell*
Japanese, Tumuli period, 5th century
Bronze
18.7 x 11.1 cm (7 3/8 x 4 3/8in.)
Museum of Fine Arts, Boston
Museum purchase with funds donated by contribution, 08.159

図版出典

図3：白石太一郎編2008『近畿地方における大型古墳群の基礎的研究』奈良大学文学部文化財学科、図7：大阪府1924『大阪府史蹟名勝天然紀念物調査報告』第5輯、図15：大道弘雄1912「大仙陵畔の大発見（上）」『考古学雑誌』第2巻第12号　考古学会、図20：洪　晴玉1959、図25：末永雅雄1975から作図、図34：加藤一郎2008、図38：徳田誠志・清喜裕二2001
p. 25　コラム図版：森下章司2004「古鏡の拓本資料」『古文化談叢』第51集　九州古文化研究会

上記以外は著者

・**仁徳陵古墳**　大阪府堺市堺区大仙町
交通　JR阪和線百舌鳥駅下車、西へ徒歩約5分。古墳一周は、約1時間30分。
古墳の南は大仙公園で、園内に堺市博物館がある。

仁徳陵古墳関係を展示する博物館
・**堺市博物館**　大阪府堺市堺区百舌鳥夕雲町2丁　大仙公園内
電話：072-245-6201

・**大阪府立近つ飛鳥博物館**　大阪府南河内郡河南町東山299
電話：0721-93-8321

刊行にあたって

「遺跡には感動がある」。これが本企画のキーワードです。

あらためていうまでもなく、専門の研究者にとっては遺跡の発掘こそ考古学の基礎をなす基本的な手段です。また、はじめて考古学を学ぶ若い学生や一般の人びとにとって「遺跡は教室」です。

日本考古学では、もうかなり長期間にわたって、発掘・発見ブームが続いています。そして、毎年厖大な数の発掘調査報告書が、主として開発のための事前発掘を担当する埋蔵文化財行政機関や地方自治体などによって刊行されています。そこには専門研究者でさえ完全には把握できないほどの情報や記録が満ちあふれています。しかし、その遺跡の発掘によってどんな学問的成果が得られたのか、その遺跡やそこから出た文化財が古い時代の歴史を知るためにいかなる意義をもつのかなどといった点を、莫大な記述・記録の中から読みとることははなはだ困難です。ましてや、考古学に関心をもつ一般の社会人にとっては、刊行部数が少なく、数があっても高価なその報告書を手にすることすら、ほとんど困難といってよい状況です。

いま日本考古学は過多ともいえる資料と情報量の中で、考古学とはどんな学問か、また遺跡の発掘から何を求め、何を明らかにすべきかといった「哲学」と「指針」が必要な時期にいたっていると認識します。

本企画は「遺跡には感動がある」をキーワードとして、発掘の原点から考古学の本質を問い続ける試みとして、日本考古学が存続する限り、永く継続すべき企画と決意しています。いまや、考古学にすべての人びとの感動を引きつけることが、日本考古学の存立基盤を固めるために、欠かせない努力目標の一つです。必ずや研究者のみならず、多くの市民の共感をいただけるものと信じて疑いません。

監　修　戸沢　充則

編集委員　勅使河原彰　小野　昭
小野　正敏　石川日出志
小澤　毅　佐々木憲一

著者紹介

一瀬和夫（いちのせ・かずお）

1957 年、大阪市生まれ。
1979 年、関西大学文学部史学科卒業。博士（文学）
大阪府教育委員会文化財保護課技師・主査、大阪府立近つ飛鳥博物館主任学芸員などを経て、現在、京都橘大学文学部教授。
主な著作　「近つ飛鳥工房」『展示学』第 27 号（日本展示学会 1999 年）、「倭国の古墳と王権」『倭国と東アジア』（吉川弘文館 2002 年）、『大王墓と前方後円墳』（吉川弘文館 2005 年）、「古墳時代における木造船の諸類型」『古代学研究』第 180 号（古代学研究会 2008 年）、『巨大古墳の出現―仁徳朝の全盛』（文英堂 2011 年）

コラム
森下章司（もりした・しょうじ）
大手前大学総合文化学部教授

シリーズ「遺跡を学ぶ」055
古墳時代のシンボル　仁徳陵古墳

2009 年 2 月 20 日　第 1 版第 1 刷発行
2019 年 7 月 15 日　第 1 版第 3 刷発行

著　者＝一瀬和夫
発行者＝株式会社 新 泉 社
東京都文京区本郷 2－5－12
振替・00170-4-160936 番　TEL03（3815）1662 ／ FAX03（3815）1422
印刷／萩原印刷　製本／榎本製本

ISBN978-4-7877-0935-6　C1021

シリーズ「遺跡を学ぶ」

第1ステージ（各1500円+税）

03 古墳時代の地域社会復元　三ツ寺Ⅰ遺跡　若狭　徹
08 未盗掘石室の発見　雪野山古墳　佐々木憲一
10 描かれた黄泉の世界　王塚古墳　柳沢一男
16 鉄剣銘一一五文字の謎に迫る　埼玉古墳群　高橋一夫
18 土器製塩の島　喜兵衛島製塩遺跡と古墳　近藤義郎
22 筑紫政権からヤマト政権へ　豊前石塚山古墳　長嶺正秀
26 大和葛城の大古墳群　馬見古墳群　河上邦彦
28 泉北丘陵に広がる須恵器窯　陶邑遺跡群　中村　浩
32 斑鳩に眠る二人の貴公子　藤ノ木古墳　前園実知雄
35 最初の巨大古墳　箸墓古墳　清水眞一
42 地域考古学の原点　月の輪古墳　近藤義郎・中村常定
49 ヤマトの王墓　桜井茶臼山古墳・メスリ山古墳　千賀　久
51 邪馬台国の候補地　纒向遺跡　石野博信
55 古墳時代のシンボル　仁徳陵古墳　一瀬和夫
63 東国大豪族の威勢　大室古墳群〔群馬〕　前原　豊
73 東日本最大級の埴輪工房　生出塚埴輪窯　高田大輔
77 よみがえる大王墓　今城塚古墳　森田克行
79 葛城の王都　南郷遺跡群　坂　靖・青柳泰介
81 前期古墳解明への道標　紫金山古墳　阪口英毅
84 斉明天皇の石湯行宮か　久米官衙遺跡群　橋本雄一
85 奇偉荘厳の白鳳寺院　山田寺　箱崎和久
93 ヤマト政権の一大勢力　佐紀古墳群　今尾文昭
94 筑紫君磐井と「磐井の乱」　岩戸山古墳　柳沢一男
別04 ビジュアル版古墳時代ガイドブック　若狭　徹

第2ステージ（各1600円+税）

103 黄泉の国の光景　葉佐池古墳　栗田茂敏
105 古市古墳群の解明へ　盾塚・鞍塚・珠金塚古墳　田中晋作
109 最後の前方後円墳　龍角寺浅間山古墳　白井久美子
117 船形埴輪と古代の喪葬　宝塚一号墳　穂積裕昌
119 東アジアに翔る上毛野の首長　綿貫観音山古墳　大塚初重・梅澤重昭
121 古墳時代の南九州の雄　西都原古墳群　東　憲章
126 紀国造家の実像をさぐる　岩橋千塚古墳群　丹野　拓・米田文孝
130 邪馬台国時代の東海の王　東之宮古墳　赤塚次郎
134 装飾古墳と海の交流　虎塚古墳・十五郎穴横穴墓群　稲田健一